W0309509

Gérer son temps et ses priorités

Éditions d'Organisation
Groupe Eyrolles
61, bd Saint-Germain
75240 Paris cedex 05

www.editions-organisation.com
www.editions-eyrolles.com

ISBN : 978-2-212-53785-7

COLLECTION MODE PROJET

Gérard Rodach

Gérer son temps et ses priorités

Deuxième tirage 2008

EYROLLES
Éditions d'Organisation

Dans la même collection dirigée par Ramez Cayatte :

Ramez Cayatte, *Bâtir une équipe performante et motivée*

Paul-Hubert des Mesnards, *Réussir l'analyse des besoins*

Sommaire

Introduction

Nous vivons une époque singulière. Beaucoup d'entre nous ont le sentiment que leur charge de travail tend à dépasser le temps dont ils disposent. Nous pourrions invoquer les trente-cinq heures (mais combien les appliquent à la lettre ?), les quarante ou cinquante jours de congés payés, les réductions d'effectifs ou la hausse de productivité requise... Néanmoins, est-ce seulement la faute des autres (la hiérarchie, la mondialisation, etc.), ou sommes-nous aussi en partie responsables de cette situation ?

En effet, pourquoi gardons-nous toujours notre téléphone portable allumé, y compris en réunion ou dans les transports en commun ? Au bureau, pourquoi ne déconnectons-nous pas la petite sonnerie annonçant l'arrivée d'un nouvel e-mail dans notre messagerie ? Par ailleurs, quand répondons-nous aux e-mails que nous recevons : lors de plages de temps programmées ou au fil de l'eau ? Enfin, lorsque nous animons des réunions, employons-nous les techniques que nous avons apprises à ce sujet ? Sur ce dernier point, si la grande majorité des cadres ont suivi au moins un stage d'animation de réunion ou de prise de parole en public, en rencontrez-vous souvent qui appliquent les méthodes conseillées ? Les réunions commencent et se terminent souvent avec du retard, l'ordre du jour n'est que très partiellement abordé, les intervenants ne respectent pas leur temps de parole, etc.

Aussi osons-nous vous poser la question : désirez-vous réellement mieux gérer votre temps ?

« Oui, affirment la plupart des gens, nous souhaitons en effet prendre du recul, travailler en profondeur nos projets et avoir du temps pour communiquer avec nos collègues et collaborateurs. Toutefois, ce n'est pas de notre faute si nous n'y parvenons pas, car les priorités changent constamment, les projets s'amoncellent (un projet ne chasse pas l'autre), et après tout, nous ne sommes que des exécutants… »

La situation est-elle si désespérée ?

Reconnaissez tout d'abord votre part de responsabilité : vous aimez réaliser ce qui vous plaît en premier ; vous préférez souvent les tâches urgentes et rapides au travail de fond ; vous vous complaisez dans l'agitation…

Il est vrai que l'action rapide procure de l'euphorie (grâce à une sécrétion d'adrénaline) et que nous confondons fréquemment le temps passé au bureau et le travail réalisé. À Paris, les lamentations sur l'heure de départ le soir (20 heures ou 21 heures) sont de bon ton, mais personne n'évoque l'heure d'arrivée (9 heures ou 9 h 30). De même, se présenter en retard à une réunion le téléphone à la main donne une excuse valorisante : « Excusez-moi, j'ai eu un appel important… » – sous-entendu « plus important que votre réunion ».

Si vous appréciez ce genre de situation, refermez tout de suite ce livre, sous peine de culpabiliser. Offrez-le à votre conjoint ou à vos enfants et attendez qu'un jour ils tirent le signal d'alarme en vous conseillant de le lire.

En revanche, si vous en avez assez de courir après le temps, de sauter des repas et de devoir rattraper votre retard le week-end, alors nous avons des idées à échanger.

Autodiagnostic

Indiquez dans le tableau suivant si vous êtes en accord avec les affirmations proposées.

		Tout à fait d'accord	Plutôt d'accord	Plutôt en opposition
1	Il est impératif de remettre régulièrement en question ses méthodes de travail.			
2	Pour éviter de se retrouver « piégé » par les urgences, il est nécessaire d'avoir une grille des priorités partagée avec son responsable et ses collaborateurs.			
3	Savoir tirer parti de l'expérience des autres et vouloir garder ses habitudes est antinomique.			
4	Planifier consiste en partie à se donner une marge de liberté pour gérer les imprévus.			
5	En effectuant un tri entre ce que nous *aimons* faire et ce que nous *devons* faire, il est possible de gagner du temps.			
6	Je sais m'organiser pour avoir des séquences de travail productives.			
7	Le travail en réunion est à la fois source d'échanges, d'actions et de décisions.			
8	Conscient que mes équipiers n'ont pas le même rapport au temps que moi, j'en tiens compte dans mes relations avec eux.			
9	Je sais trouver un juste équilibre entre *agir* et *réagir*.			
10	Je sais résister aux pressions de ma hiérarchie pour protéger mon équipe projet.			

Comptez ensuite les points : + 5 points par réponse de type « Tout à fait d'accord », + 2 points pour « Plutôt d'accord » et – 2 points pour « Plutôt en opposition » :

- entre 40 et 50 points, vous êtes normalement paré pour gérer vos priorités ;

- entre 15 et 39 points, vous avez une marge de progrès. Les conseils de cet ouvrage devraient vous être utiles ;
- moins de 15 points, voyez-vous réellement l'intérêt de mieux gérer votre temps ? Il serait bon de vous interroger sur vos motivations...

PRATIQUE N° 1

Analyser son activité

Nous reprochons souvent aux autres notre planning surchargé. Peut-être pourrions-nous commencer par nous interroger sur nos propres pratiques en analysant notre activité et la répartition de nos principales tâches. Nous serons alors à même de savoir si nous sommes proactifs[1] et de définir notre marge de liberté. Enfin, nous réfléchirons au type d'organisation dans lequel nous nous épanouissons le mieux professionnellement, en envisageant ses avantages et ses inconvénients.

Histoire vécue

Quand Martine est devenue chef de projet il y a un an, son responsable lui a confié : « La clef du succès de ce poste, c'est la capacité à prendre du recul par rapport à l'opérationnel. » Martine n'a pas dû trouver cette clef, puisqu'elle est depuis lors constamment débordée, même en restant jusqu'à 20 h 30 au bureau. Ses pairs ont le même sentiment qu'elle.

1. Une personne proactive est celle qui « anticipe les attentes et prend l'initiative de l'action » (*Le Petit Robert*).

L'annonce de nouveaux objectifs – qui peut se traduire par « une charge de travail plus importante pour des moyens équivalents » – est la goutte d'eau qui fait déborder le vase. Trop c'est trop ! Martine profite d'une réunion avec quelques collègues pour brandir l'étendard de la révolte. Elle leur propose de protester de concert. Pour étoffer leurs arguments, ils décident de chiffrer le temps passé sur chacune de leurs activités.

« Facile ! s'enthousiasme Thierry. J'ai suivi une formation à la gestion du temps. Il suffit de définir les huit types de tâches que nous accomplissons régulièrement et de les classer de 1 à 8 en fonction du temps que nous leur consacrons (1 pour l'activité principale). Donnons-nous une quinzaine de jours pour effectuer ces relevés. »

La décision est prise à l'unanimité, et les quatre compères choisissent les huit activités à apprécier.

Trois semaines plus tard, ils se réunissent à nouveau et mettent en commun leurs résultats. Depuis leur dernière entrevue, Martine a approximativement noté à la fin de chaque demi-journée le temps consacré aux différentes tâches : 70 % de son temps est absorbé par les réunions, les projets et les urgences. Elle n'est guère étonnée : « J'ai des arguments pour l'expliquer ! »

Arrivée dans la salle de réunion, elle reporte ses chiffres sur le tableau dessiné par Thierry. Les résultats des quatre chefs de projet sont assez similaires.

	Martine	Thierry	Marc	Claude
Réunions	1	2	1	3
Relations internes ou externes	4	7	2	4
Urgences	3	3	4	2
Développement de ses compétences personnelles	8	6	8	7
Tâches administratives	6	8	6	8
Développement des compétences de ses collaborateurs	7	4	7	6
Stratégie et travaux à moyen terme	5	4	3	5
Aspects opérationnels des projets	2	1	5	1

Marc suggère de répartir le temps entre les tâches qu'ils décident ou conduisent et celles qui leur sont imposées. « Par exemple, leur explique-t-il, vous avez parfois la charge d'une réunion et vous avez alors une certaine liberté quant à sa durée et à son organisation. À l'opposé, il arrive que vous soyez "convié" à une réunion durant laquelle votre participation active ne sera peut-être que d'un quart d'heure sur une durée totale de deux heures. »

Martine consulte son agenda : sur les 30 % de temps passé en réunion, elle a été organisatrice et maître de la réunion dans la moitié des cas, soit 15 % du temps total.

Au bout de quelques minutes, chacun présente ses résultats.

	Martine	Thierry	Marc	Claude
Pourcentage de tâches « décidées »	40	50	40	60

Tous réalisent alors qu'ils sont maîtres de leur temps (dans une certaine mesure) dans 50 % des cas en moyenne. « Comment dire que nous sommes débordés par la faute des autres si nous sommes décideurs pour une grande partie de notre travail ? » se demandent-ils.

Martine se remémore les paroles de son responsable lors de son dernier entretien individuel : « J'attends de toi que tu développes tes compétences et celles de tes collaborateurs. Nos enjeux à un an exigent que nous progressions pour atteindre nos objectifs. »

Elle lui avait alors rétorqué : « Pour cela, il faudrait :

- que je sois moins souvent interrompue dans mon travail par le téléphone, les réunions imprévues, les e-mails urgents dont les réponses "ne prendront que quelques instants" ;
- que je sache faire face aux demandes urgentes de dernière minute ;
- que je ne sois pas toujours "sous pression" en raison de modifications d'échéances ou de décisions qui n'arrivent pas ;
- que j'aie le temps de m'organiser calmement. »

Son responsable, un peu surpris, lui avait suggéré de déléguer plus et lui avait proposé un stage sur la gestion du temps. « Mais je n'ai pas le temps ! » s'était insurgée Martine...

Les questions-clés

Débordée, Martine est pourtant organisée. Nous le sommes tous… chacun à notre manière, mais peut-être notre organisation n'est-elle pas adaptée à nos moyens et à nos besoins. Martine a pris conscience qu'elle passait la majeure partie de son temps en réunion ou à traiter les urgences.

- ? Comment se répartissent vos activités au bureau ?
- ? Vous sentez-vous proactif ?
- ? Avez-vous conscience du mode d'organisation que vous privilégiez et de ses inconvénients ?

Votre activité au bureau

En recensant les tâches effectuées sur une quinzaine de jours, puis en étudiant leur répartition, vous constaterez probablement que votre temps dépend en partie des autres, mais aussi que vous avez une certaine marge de manœuvre.

Martine constate que sa journée est très peu consacrée à la progression de ses compétences et de celles de ses collaborateurs. Pourtant, elle sait qu'il s'agit là d'un enjeu essentiel.

Si vous effectuez les tâches dans l'ordre où elles vous parviennent – le fameux LIFO (*last in first out*) des comptables et des gestionnaires de stocks –, il n'est pas étonnant que les priorités ne soient pas respectées. À l'inverse, si vous traitez d'abord les urgences – FIFO (*first in first out*) –, comment faire avancer le travail de fond ?

L'ordre dans lequel réaliser les tâches n'est pas si évident, et ce pour différentes raisons :

- nous voulons à la fois exécuter notre travail et satisfaire nos responsables et nos collaborateurs ;
- nous avons peur de nous tromper ;
- nos propres critères de priorité s'opposent parfois à ceux des autres ;
- nous craignons des retombées si une demande de la hiérarchie n'est pas réalisée à temps.

Agir, traiter l'urgent, c'est toujours « faire ». Être dans l'action nous dynamise, alors que nous nous sentons coupables si nous ne répondons pas aux demandes pressantes.

Nous verrons dans la pratique suivante la manière de définir ses priorités. Sachez dès maintenant qu'il vous faudra admettre l'idée que vous ne pouvez pas tout effectuer, et prendre le risque de vous tromper !

Vous trouverez à la fin de cette pratique une roue pour analyser, comme Martine, la répartition de votre temps. Après avoir consolidé vos résultats, prenez, vous aussi, conscience des buts que vous vous êtes fixés, consciemment ou inconsciemment. Bien sûr, cela suppose que vous acceptiez de vous remettre en cause...

Vous sentez-vous proactif ?

Martine et ses collègues sont débordés et ne semblent pas avoir prise sur leur agenda. Pourtant, lorsqu'ils analysent leurs activités, ils constatent qu'ils « contrôlent » 40 à 60 % de leur temps... Ce paradoxe s'explique : ce n'est pas parce que nous choisissons la manière d'employer notre temps que nous le gérons correctement.

Martine maîtrise un certain nombre d'activités (elle fixe par exemple l'horaire et la durée de ses réunions), mais elle ne se sent pas « décideuse ». Pourquoi ? Parce que sa liberté d'action est limitée : ses réunions sont plus ou moins obligatoires ou, à tout le moins, intégrées dans une routine. Finalement, Martine réalise que sa marge de manœuvre est faible sur ses 40 % de temps dit *proactif*.

Au sens large du mot, la proactivité est la liberté de manœuvre possible sur la gestion des tâches imposées. Plus précisément, c'est la capacité à organiser ses priorités et celles de son équipe, dans le but de mieux travailler – ou faire travailler – à court ou moyen terme. Ainsi, l'autonomie dans le travail ne se traduit pas uniquement par le temps dont nous disposons, mais aussi par les marges de manœuvre et de responsabilité qui nous sont accordées.

Pour vous sentir proactif, vous devez impérativement vous donner les moyens d'atteindre les objectifs que vous vous êtes fixés précédemment. Vous transformerez alors du temps *subi* en temps *choisi*, et deviendrez capable d'anticiper et d'être force de proposition.

Pour se sentir efficace

Nous reviendrons plus précisément dans la pratique n° 7 sur ce qui nous motive professionnellement. Étudions dès maintenant les modes d'organisation qui nous donnent les moyens de travailler efficacement.

Reconnaissance, bonne ambiance et cadre rassurant

Certains d'entre nous sont motivés par les résultats à atteindre. Pensez en particulier aux personnes qui travaillent dans les services marketing ou commercial : la motivation liée à l'objectif (que celui-ci soit assorti de reconnaissance financière ou officielle) oriente fortement leur façon de gérer les priorités.

Ce comportement a des avantages : le but est clair et quantifiable, et il contribue à la réussite de l'entreprise... Néanmoins, les objectifs secondaires non valorisés sont dédaignés, voire oubliés, ce qui peut se révéler très dommageable (en termes de chiffre d'affaires ou de service à la clientèle par exemple). Des objectifs mal calculés peuvent même conduire à une déstabilisation de la production de l'entreprise.

D'autres ont besoin d'une ambiance agréable pour être vraiment efficace. Quand nous pensons au temps passé sur notre lieu de travail, cela se comprend !

Les tenants de cette approche valorisent le soutien et l'accompagnement de leurs collègues et collaborateurs. Ils entraînent l'équipe dans leur sillage et n'oublient personne, sauf parfois la situation elle-même ! Ils risquent par ailleurs de s'imposer des limites par peur de déplaire à l'équipe.

Enfin, d'autres se sentent plus à l'aise dans le cadre de normes et de procédures qui leur servent d'« autocontrôles ».

Les personnes ayant une culture technique ou comptable apprécient généralement de telles structures (le technicien qui, après une longue réparation, constate qu'un produit fonctionne parfaitement, éprouve une vive satisfaction). Quoi de plus valorisant pour eux qu'un travail bien fait ? Ils peuvent par ailleurs « étalonner » aisément leur activité (l'auto-évaluation est facile). En revanche, ils risquent d'avoir des difficultés à s'adapter à un environnement qui change très vite ou aux situations d'urgence, en résumé à sortir du cadre dans lequel ils s'épanouissent.

Bien sûr, nous pouvons être sensibles à plusieurs modes d'organisation…

Quel est votre mode d'organisation idéal ?

Nous avons trop peu d'éléments pour apprécier l'organisation que privilégie Martine. Pour connaître la vôtre, indiquez dans le tableau suivant si vous êtes en accord avec les affirmations proposées.

		Plutôt d'accord	Plutôt en opposition
1	L'important est d'avoir un ou des objectifs partagés avec son équipe.		
2	Une bonne progression se réalise en tirant parti du meilleur de chacun.		
3	Aujourd'hui, la priorité est d'être réactif en répondant aux attentes de chacun.		
4	À long terme, une méthode commune de conduite de projet est l'organisation idéale.		
5	Je travaille en mode rétro-planning[a].		
6	Les méthodes et les collaborateurs doivent s'adapter au résultat attendu.		
7	Il faut être disponible pour aider les membres du groupe projet.		
8	Une équipe n'existe vraiment qu'autour d'une méthode commune.		

a. Ce mode consiste à établir un planning en partant de la date finale et en remontant le temps.

		Plutôt d'accord	Plutôt en opposition
9	Je consacre du temps à essayer de connaître chacun des membres de l'équipe projet.		
10	Il faut savoir tirer parti de l'expérience des autres pour progresser.		
11	Les gens sont motivés par une méthode de conduite de projet récurrente.		
12	La motivation de l'équipe est celle du moins motivé de ses membres (« plus petit dénominateur commun »).		
13	L'organisation de notre travail dépend de notre volonté.		
14	Une bonne méthode évolue peu avec le temps.		
15	Un tableau de progression des résultats est une manière intéressante de motiver une équipe.		

Si vous avez répondu « Plutôt d'accord » aux questions 1, 5, 6, 10, 15, vous pensez que l'organisation idéale est fondée sur le résultat. Cette optique est-elle partagée par vos collaborateurs ?

Si vous avez répondu « Plutôt d'accord » aux questions 2, 3, 7, 9 et 12, vous croyez plus aux aspects « humains » : vous privilégiez l'ambiance et l'aide à votre équipe. En est-elle demandeuse ?

Si vous avez répondu « Plutôt d'accord » aux questions 4, 8, 11, 13 et 14, vous êtes plutôt orienté « méthodes ». Les cadres et les procédures sont utiles, mais sont-ils suffisants pour motiver vos collaborateurs ?

Les leçons de l'expérience

Nous pensons presque tous avoir plus de travail que nous ne pouvons en accomplir dans le temps imparti. Un premier pas vers une gestion correcte des priorités consiste à analyser notre activité, pour tenter de comprendre la répartition des tâches que nous effectuons au quotidien. En prenant conscience par ailleurs du type d'organisation dans lequel nous préférons évoluer, nous pourrons envisager ses inconvénients, qui risquent de nous freiner.

Trois écueils à éviter

Décider de commencer demain l'analyse de sa journée, parce que ce sera plus calme...

C'est le premier pas qui compte... à moins que vous n'arriviez pas à prendre vos congés ! Dans ce cas, vous confondez *quantité* de travail et *qualité*.

Penser que tout le monde s'épanouit dans les mêmes conditions que soi

Apprenez à connaître ceux qui vous entourent pour mieux les comprendre.

Vivre constamment dans l'urgence

Un objectif à moyen terme n'est pas forcément associé à vos objectifs managériaux. Vous pouvez vous en fixer vous-même : faire évoluer vos compétences, progresser en vue d'un poste souhaité, etc.

Trois conseils à méditer

Vos choix de priorités ne sont pas neutres...

Interrogez-vous sur leur sens.

Partagez vos priorités avec votre responsable.

Intégrez aussi les siennes, vous éviterez ainsi des surprises en termes d'urgence.

Soyez ambitieux dans vos objectifs.

Le fait d'y croire assure déjà 50 % du succès.

La roue du progrès

Aujourd'hui, comment se répartit votre temps ?

La répartition du temps de travail

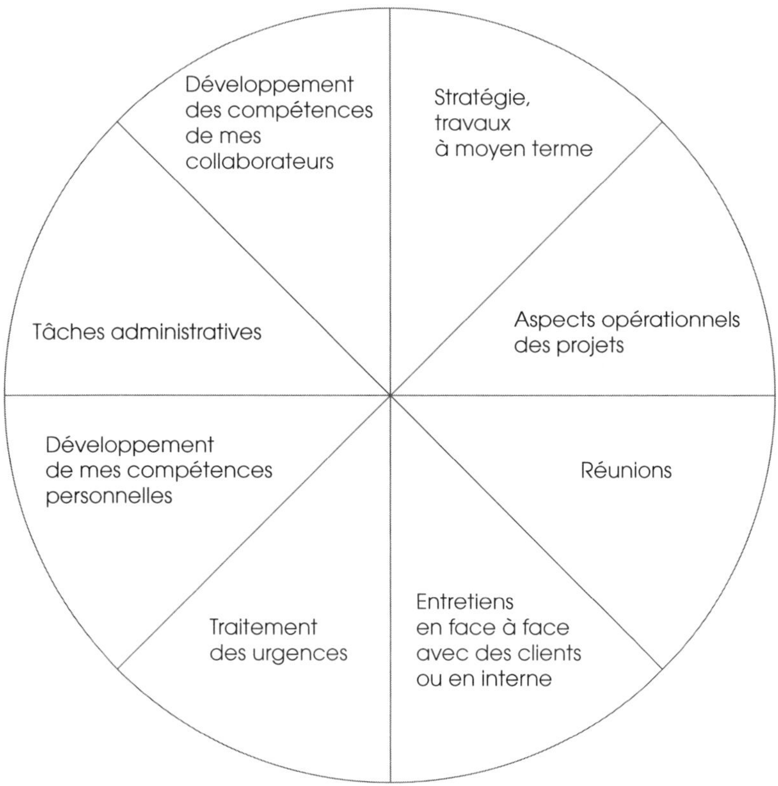

Notez durant une quinzaine de jours les heures passées à travailler sur chacun des types de tâches précisés, puis faites le total par type de tâches pour les classer de 1 à 8 (1 correspond à l'activité qui vous prend le plus de temps).

Quel est votre premier objectif d'amélioration ?

Loi de Taylor[1]

L'ordre dans lequel nous effectuons une série de tâches influe directement sur le temps qu'elles nous prennent.

1. Frédéric Winslow Taylor (1856-1915), ingénieur américain, est le fondateur du management scientifique du travail. Il formalisa et standardisa les méthodes, les outils, les connaissances.

PRATIQUE N° 2

Priorité au travail important et urgent

Vous avez analysé votre manière d'employer votre temps professionnel, et souhaitez maintenant développer votre proactivité. Pour y parvenir, vous devez repenser votre rôle. Le chef de projet est avant tout un leader qui anime, motive et fédère son équipe. Il doit donc régulièrement revoir ses priorités et bâtir une vue à moyen terme de la situation. En effet, son environnement évolue, et la dimension de son rôle change. Arrive un moment où il ne peut plus tout maîtriser : il doit alors à tout prix prendre du recul. Voici un paradoxe : quand le travail se complexifie, le chef de projet doit s'en détacher !

Histoire vécue

À quarante-sept ans, Roger est responsable de la logistique des unités de fabrication dans une usine de plasturgie. Curieux et observateur, lui qui est tombé tout petit dans le plastique (« cela vous moule ») a découvert le mode projet il y a dix ans en lisant des revues professionnelles.

Après avoir suivi plusieurs stages, il a mis en place son propre mode d'organisation dans son entreprise. Pionnier dans ce domaine, il a dû passer beaucoup de temps à convaincre ses collègues du bien-fondé de sa démarche. Aujourd'hui, il peut être fier de sa réussite : il y a quelques mois, son responsable a déclaré publiquement que son action avait contribué à l'adaptation permanente de l'entreprise à un environnement turbulent.

Malgré cette reconnaissance, Roger s'inquiète et se pose des questions. Comme il le dit d'un ton narquois, il a connu :

- le mode projet (un projet à la fois) ;
- la mode des projets (plusieurs projets en parallèle) ;
- les modes des projets (différentes modes couplées avec différents projets).

Auparavant, il pouvait s'enorgueillir d'une démarche structurée et organisée : il était capable de suivre dans le détail l'avancement d'un projet. Puis, sous la pression de la charge de travail et des multiples projets à mener de front, il a dû, à son corps défendant, lâcher prise sur nombre d'aspects.

Aujourd'hui, il se présente à ses interlocuteurs comme un « pompier visionnaire » : *visionnaire*, parce qu'il est responsable des projets et doit donc voir loin ; *pompier*, parce qu'il est perturbé tout au long de la journée par mille et un détails urgents à régler. « Je suis un cas pour la chaire d'ophtalmologie de la faculté de médecine : je vois l'horizon et la pointe de mes chaussures, mais rien entre les deux ! »

Conscient de la pression qu'il subit, il a suivi des stages, lu de nombreux ouvrages et échangé avec des collègues travaillant dans la logistique. Il a tout essayé en termes de gestion des priorités : la liste des tâches, la méthode ABC, le tirage au sort..., mais comment faire quand ses commanditaires n'ont pas tous les mêmes priorités ?

Roger gère maintenant un grand nombre de projets avec ses collaborateurs. Depuis quelques jours, il sait qu'il devra en ajouter trois de plus à la liste. Parmi eux, deux sont prioritaires. Néanmoins, ses responsables lui ont dit de ne pas s'inquiéter, et lui ont donné le budget nécessaire pour externaliser la maîtrise d'œuvre auprès de trois prestataires avec lesquels l'entreprise a passé des contrats de sous-traitance en début d'année.

Tout va bien ou plutôt, tout pourrait aller bien si :

- le niveau des prestataires était à la hauteur de la situation : or seul l'un des trois est effectivement opérationnel, le deuxième acquiert des compétences (le résultat s'améliore de mois en mois, même si le bout du tunnel est encore loin), et le dernier, lui, est empêtré dans ses difficultés malgré toute l'aide déployée ;

- l'équipe de Roger tournait à plein : malheureusement l'un de ses membres a démissionné (et n'est pas encore remplacé) et un autre va changer de poste (depuis qu'il le sait, il n'occupe plus vraiment sa fonction initiale) ;
- les relations entre les membres de l'équipe projet et les prestataires étaient au beau fixe. C'était le cas autrefois, lorsque les prestataires étaient de simples sous-traitants. Aujourd'hui, craignant l'externalisation de leurs activités, les membres de son équipe projet font de la rétention d'informations. De leur côté, les prestataires sont arc-boutés sur leur contrat (surtout quand cela les arrange).

Bref, Roger passe son temps à faire progresser les prestataires, à pallier en interne le travail non assuré, à régler les litiges entre l'équipe et les prestataires, et à recruter de nouveaux collaborateurs. De plus, les membres des équipes projet qui ne dépendent pas de lui lèvent le pied, sous divers prétextes (instructions confuses, attente de réponse, etc.).

Comble de l'histoire, le dernier entretien individuel qu'il a eu avec son responsable hiérarchique s'est plutôt mal passé. Ce dernier lui a reproché sa « vision à court terme ». Il a justifié cette remarque par le fait que Roger, débordé, n'a plus le temps de participer à toutes les réunions transverses, ne répond pas toujours à ses e-mails et a pris en charge certains projets incombant à ses collaborateurs.

Roger se dit souvent qu'il serait mieux chez lui...

Les questions-clés

Roger est un homme curieux, qui sait s'adapter aux changements de situation. Il l'a montré par le passé en se remettant en cause. Pourquoi se trouve-t-il aujourd'hui dans cette impasse ? Ce n'est pas faute de s'être informé ou d'avoir revu ses méthodes ! Pourtant, s'il a révisé sa manière de travailler, il ne s'est pas penché sur son rôle.

Lui qui aime suivre les projets, être reconnu pour ses compétences, a du mal à lâcher prise sur les détails. Or il s'y perd, en raison de la complexité croissante des sujets et de la multiplicité des projets.

- ? Comment repenser son rôle ?
- ? Comment hiérarchiser différemment ses priorités ?
- ? Enfin, comment dégager du temps ?

Leader avant tout

Nous effectuons notre travail en fonction des objectifs qui nous sont assignés et des demandes – et attentes – de notre hiérarchie ou des membres de notre équipe.

C'est bien normal. Et pourtant… sommes-nous satisfaits ? Seule l'est une petite minorité d'entre nous. Dans le fond, nous attendons aussi d'être valorisés, à nos yeux comme à ceux des autres, et reconnus.

Revenons à l'essentiel : qu'est-ce qu'un chef de projet ?

- Un transmetteur d'ordres ? Ce serait minimiser le rôle, qui comprend d'autres dimensions comme l'animation, la coordination, etc.
- Un manager ? Non, puisque les membres de son équipe ne lui sont pas nécessairement rattachés.
- Un leader ? Tout dépend de ce que l'on entend par ce terme. Si vous pensez à Martin Luther King ou Winston Churchill, le chef de projet n'est pas en position de leader. En revanche, si vous estimez que le leader est celui qui porte le regard au loin et fédère tout en sachant dire des choses difficiles à entendre, alors le chef de projet en est un. Dans un environnement complexe, un management transverse et le développement des compétences des collaborateurs sont les clefs du succès.

Un bon chef de projet a donc la capacité :

- de montrer la voie ;
- d'obtenir l'adhésion de ses collaborateurs ;
- de bousculer les idées reçues ;
- de changer ou de revoir les méthodes si besoin est ;
- de tenir la barre dans les moments difficiles.

Pour cela, il doit impérativement se concentrer sur les tâches de fond et s'accorder du temps pour prendre du recul.

« Et puis quoi encore ? On voit bien que vous n'avez pas de priorités à court terme, d'ennuis quotidiens et d'urgences permanentes ! », vous êtes-vous peut-être dit en lisant les lignes qui précèdent. Vous n'avez pas totalement tort, du moins à première vue.

En effet, nous n'avons pas été formés à ce genre d'approche. Les messages qui circulent sont plutôt : « fais ce qu'on te demande », « fais ce que tu as à faire », « ce n'est pas toi qui décides », etc. Il est peut-être temps de reconsidérer la manière dont nous hiérarchisons les priorités !

Roger a revu l'organisation de son équipe, il a été capable de gérer de plus en plus de projets, mais fondamentalement, sa conception du travail n'a pas changé.

Hiérarchiser différemment ses priorités

Le général Eisenhower a dirigé le débarquement allié en 1944. Il est célèbre, entre autres, pour sa grille de gestion des priorités.

La matrice d'Eisenhower

Cet outil permet de trier les tâches à effectuer selon leur degré d'urgence et d'importance. Il se résume d'une manière simple, en quelques conseils fort pertinents : concentrez-vous sur ce qui est *urgent et important* ; le reste, traitez-le ensuite, déléguez-le ou oubliez-le !

La matrice d'Eisenhower

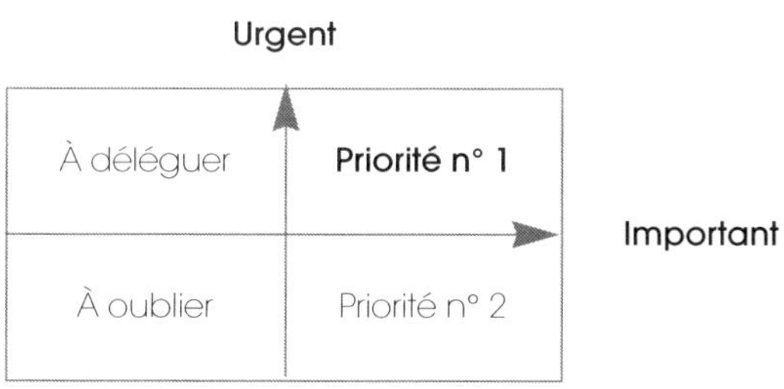

Cette grille a rendu service à de nombreux cadres durant des années, en leur permettant de mieux structurer leur activité.

Malheureusement depuis, la pression du travail quotidien et les contraintes liées à l'évolution de notre environnement (moins de personnel, délais raccourcis, accélération des évolutions…) ont conduit à une concentration des activités. Aujourd'hui, tout est urgent et prioritaire, et il devient difficile de déléguer certaines tâches, dans la mesure où tout le monde est débordé.

Le plus souvent, notre temps se répartit de la manière suivante :

Une répartition classique du temps de travail

Urgent

• Demandes du chef • Tout ce qui est hors délai • Ce que l'on s'est engagé à réaliser rapidement • Reportings	• Demandes de la hiérarchie • Problèmes client ayant un impact sur le service • Objectifs prioritaires hors délai • Réunions imposées par « en haut »
• Tâches administratives, d'intendance • Pauses-café • Utilisation de la messagerie • Rangement du bureau	• Développement de ses compétences personnelles • Développement des compétences de ses collaborateurs • Feedback à ses collaborateurs • Anticipation

Important

Les risques du tout-urgent

En réalité (et Stephen Covey l'a bien démontré dans son livre *Priorité aux priorités*), si vous commencez par traiter les tâches *importantes et urgentes*, vous basculez fatalement très vite vers l'exécution de toutes les actions *urgentes*. Ainsi, dans la grille ci-dessus, vous vous attaquez à tout ce qui est en retard.

Or voici les sentiments éprouvés selon le type de tâches effectuées.

Roger, qui a basculé de l'*important et urgent* vers l'*urgent* seulement, court contre le chronomètre. Frustré, il a l'impression que rien ne se finalise et qu'il cristallise le mécontentement de tous. Il sort de son rôle en se chargeant de tâches qui relèvent de ses collaborateurs, mais surtout il n'accomplit plus les siennes (son responsable ne voit que le côté visible de l'iceberg, à savoir que Roger ne fait plus son travail). Par ailleurs, il pourrait se demander si son attitude répond aux attentes des membres de son équipe et s'il ne les stresse pas avec son comportement « panique »...

La matrice d'Eisenhower sous l'angle des sentiments

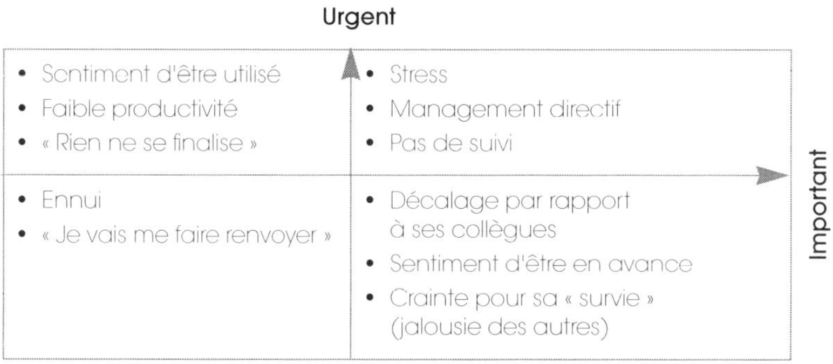

Que lui conseiller dans cette situation ?

Roger doit privilégier la case *important mais non urgent*. Attention, privilégier ne veut pas dire y consacrer tout son temps, car il risquerait alors d'être décalé par rapport à ce que chacun attend de lui au quotidien.

Sur la voie du changement

Nous l'avons vu, Roger désire changer, mais en est-il capable ? Les personnes qui parviennent réellement à faire évoluer leur gestion des priorités sont :

- celles qui sont suffisamment disciplinées pour se l'imposer, soit environ 25 % d'entre nous ;
- celles qui ont été, à un moment ou à un autre, totalement débordées. Si elles en sont arrivées à ne plus déjeuner, à partir du bureau à 21 heures et à emporter du travail chez elles le week-end, elles sont prêtes à attraper n'importe quelle bouée de sauvetage ;
- celles qui ont conscience d'avoir, de toute façon, trop de travail par rapport au temps dont elles disposent.

Et vous, faites-vous partie de l'une de ces catégories ?

Négociez 10 % de votre temps

Si c'est le cas, le remède passe par des étapes simples : acceptez de consacrer environ 10 % de votre temps hebdomadaire (soit au maximum une demi-journée ou deux quarts de journée) aux tâches importantes qui sont des actions de fond.

Certaines semaines, cette discipline sera un peu difficile à mettre en place, mais vous pourrez vous rattraper durant d'autres périodes.

Pourquoi avoir choisi le chiffre de 10 % ? Nous avons constaté que le temps de travail des personnes exerçant des fonctions sédentaires se répartissait généralement ainsi :

- 50 à 60 % de temps non maîtrisable ;
- 30 à 40 % de temps plus ou moins maîtrisable ;
- environ 10 % de temps à leur disposition (si elles le souhaitent).

Certes, votre première pensée peut être : « Je n'arrive déjà pas à tout faire et il faudrait en plus que je dégage 10 % de mon temps ? » Pourtant vous pouvez y parvenir : dites-vous qu'il vous en restera alors 90 % pour traiter les tâches *urgentes et importantes*, puis les tâches *urgentes*.

Comment dégager ce temps précieux ?

Nous vous suggérons trois méthodes complémentaires.

La première correspond à l'exercice que vous trouverez à la fin de ce chapitre : écrivez-vous une lettre sur le thème de votre vision à un an et faites-vous-la adresser trois mois plus tard (par votre conjoint, votre assistante ou un ami...). Vous donner un ou des objectifs n'est qu'un premier pas, vous devez ensuite les atteindre, et pour cela, vous consulterez régulièrement les indicateurs de mesure que vous vous êtes fixés.

La deuxième méthode consiste à organiser une réunion « stratégique » avec les membres de votre équipe en leur demandant :

- où ils se voient dans un an (en supposant que l'équipe et l'environnement restent stables) ;
- en quoi ils espèrent avoir progressé ;
- ce qu'ils attendent de vous et de la hiérarchie (au sens large) pour y parvenir ;

- de quelle manière vous pourriez, tous ensemble, mesurer leur progression et leur succès.

Là aussi, vous serez probablement étonné par l'énergie et l'enthousiasme qu'un tel échange engendre.

Pour mettre en œuvre la troisième méthode, demandez à votre responsable ce qu'il attend de vous dans un an. Vous bâtirez alors un rétro-planning sur les actions à mener en déterminant des objectifs de mesure trimestriels.

De l'idée à la pratique

Pour passer à la pratique, réservez-vous à l'avance des plages de temps sur votre agenda (papier ou électronique) en les barrant. Vous les remplirez avec des tâches de fond. Le plus dur est d'oser le faire !

Enfin, ne croyez pas que ces 10 % de temps seront à passer « claquemurer » dans votre bureau : vous pouvez travailler en équipe ou avec un collaborateur. La seule contrainte est de vous concentrer sur du moyen terme, à savoir les objectifs de fond que vous avez choisi d'atteindre.

Les leçons de l'expérience

Le rôle fondamental d'un chef de projet est celui de leader, qui entraîne son équipe vers le but à atteindre (au-delà de la réussite du projet). Il doit donc à la fois se donner les moyens de hiérarchiser ses priorités pour ne pas être noyé dans le travail en cours, et dégager du temps pour les tâches de fond qui le mèneront aux objectifs qu'il s'est fixés.

Trois écueils à éviter

« Le vrai leader, c'est le PDG (ou le chef de département ou…) ! »
Nous avons chacun à notre niveau un rôle de leader, avec un horizon et un spectre d'actions différents.

« Mon patron va me reprocher de perdre mon temps. »
Il vous le reprochera encore plus dans un an ou lors de votre entretien annuel si vous êtes toujours dans l'urgence.

« Mes collaborateurs se contentent de réaliser leur travail au quotidien. »
Peut-être est-ce parce que vous n'avez jamais discuté du sujet avec eux…

Trois conseils à méditer

Les unes après les autres, les entreprises passent au mode transverse.
En développant vos compétences en ce domaine, vous préparez votre futur.

La gestion des priorités est un travail d'équipe.
Vos collaborateurs vous attendent dans ce rôle. Mieux, ils vous aideront à réussir, car leur succès en dépend.

Pensez petit pour vous convaincre !
Commencez par consacrer 5 % de votre temps (deux heures par semaine) aux tâches *importantes mais non urgentes*, puis passez progressivement à 10 %.

La projection à un an

Imaginez-vous dans un an : vous êtes promu à un nouveau poste après une année réussie. À l'occasion du pot d'adieu donné en votre honneur, l'un de vos collaborateurs parle de vous au nom de l'équipe.

Questions	*Exemples de réponse*	Votre réponse
Qu'aimeriez-vous entendre ?	*Merci Éric pour ton action. Tu nous as apporté tes encouragements et ta chaleur. Nous nous rappellerons les pauses-café au cours desquelles tu distillais de petits messages qui nous ont fait progressivement évoluer…*	
Quelles sont les valeurs citées ?	*Encouragement* *Chaleur* *Partage* *Évolution*	
Quelles sont les actions associées ? (celles que vous mettez ou devez mettre en œuvre pour atteindre votre but)	*Échanger* *Avoir une démarche progressive* *Diffuser des messages cohérents* *Connaître les objectifs d'évolution de l'équipe et de chacun de ses membres*	
Que pourriez-vous faire dès aujourd'hui pour les réussir ?	*Fixer un objectif à un an pour l'équipe* *Prendre le temps d'échanger*	
Comment suivre et mesurer les objectifs dans le temps ?	*Réaliser un plan à valider dans un mois* *Effectuer un entretien trimestriel avec chacun*	

Photocopiez ce tableau une fois complété, mettez-le sous enveloppe et demandez à quelqu'un de vous l'adresser dans trois mois : vous mesurerez alors le chemin parcouru…

Loi de Parkinson[1]
ou loi de la tendance à l'auto-inflation du temps dépensé

Le temps investi dans une tâche s'étend jusqu'à occuper tout le temps disponible pour la réaliser.

1. C. Northcote Parkinson (1909-1993), historien et romancier anglais, exprima cette loi dans son livre *Les lois de Parkinson* (R. Laffont, 1983), texte basé sur une longue expérience dans l'administration britannique.

PRATIQUE N° 3

Organiser son temps

Vous avez fait le choix de consacrer du temps aux tâches *importantes mais non urgentes*. Pour vous y aider, vous pouvez gagner du temps en le structurant mieux.

Commencez donc par prendre conscience de vos habitudes : certaines sont bonnes (du moins pour vous), d'autres sont plus discutables et peuvent être remises en cause. Voici l'un des paradoxes du temps : il est encombré de routines et d'habitudes qui n'ont plus de valeur à date et nous empêchent de nous centrer sur nos priorités.

Histoire vécue

Bernard aime commencer ses journées à 8 h 30 en serrant la main des membres de son équipe. En plus de signifier sa présence, ce rituel leur montre selon lui son intérêt pour eux. C'est aussi l'occasion de « prendre la température » en bavardant quelques instants avec chacun. Néanmoins, cette habitude a l'inconvénient de lui faire faire un long détour dans les couloirs, ses collaborateurs étant répartis sur différents étages du bâtiment. Certains apprécient sa visite (« Il monte trois étages pour dire bonjour ! ») ; d'autres en sont irrités. Les absents lors de son passage trouvent, à leur retour, un petit mot qu'ils prennent pour un reproche (« Je ne vais quand même pas rester au garde-à-vous au pied de mon bureau ! »).

Ce matin, Bernard leur rappelle qu'un nouveau collaborateur va intégrer l'équipe projet. Blandine, la secrétaire du service, a préparé le café. Tout le monde se retrouve pour un moment qui permet à chacun d'échanger des informations et de se raconter les derniers bruits de couloir. Ce « passe-temps » convivial est important pour Bernard : c'est selon lui la clé de bonnes relations. Il en profite pour présenter le nouveau venu. Après quelques mots de bienvenue, Bernard remet au nouveau une pile de documents pour qu'il s'imprègne des actions en cours : « Jette un coup d'œil là-dessus, je te revois dans la journée pour t'en parler plus avant et te présenter l'équipe. »

Puis il se plonge rapidement dans la lecture de sa messagerie. Compte tenu du volume d'e-mails qu'il reçoit (une centaine par jour) et du temps nécessaire pour y répondre, cette activité l'occupe jusqu'à 10 h 30.

À 11 heures, il s'excuse et part en vitesse à une réunion de coordination au cours de laquelle il doit effectuer un point sur l'un de ses projets. L'ordre du jour est chargé : il découvre qu'il passera en quatrième position, autrement dit vers 12 h 30. À cette heure-là, les participants commenceront à avoir faim. « Tant mieux, cela ira plus vite », se dit-il. Les premiers sujets abordés ne le concernent guère. Bernard se met en retrait mentalement, écoutant d'une oreille distraite les discussions. Pendant ce temps, il répète intérieurement sa présentation et les questions qu'il souhaite voir traiter… s'il en a le temps.

La hausse du ton de voix le fait sortir de sa torpeur. Un violent échange verbal a lieu entre Johann, le responsable des achats et André, en charge de la production. Blasé, Bernard hausse les épaules. Comme d'habitude, ces deux-là règlent leurs comptes. Johann reproche à André de ne pas avoir respecté la procédure, et André lui répond qu'en cas d'urgence, il faut savoir prendre des initiatives.

Bernard comprend vite l'objet du différend : un serveur qui ne fonctionne plus bloque de nombreuses activités. Or le risque d'immobilisation, lié au respect de la procédure, peut coûter cher. Il s'ensuit de part et d'autre un échange de mots aigre-doux et de sous-entendus à des « cadavres » cachés dans les placards. Bernard ne s'en offusque pas plus que les autres participants de la réunion, ces jeux-là font partie des habitudes.

Vient enfin son tour. Comme prévu, les participants commencent à avoir faim. Après quelques demandes rituelles (« Vous êtes sûr que… ? », « Vous croyez vraiment que… ? »), la réunion s'achève rapidement sans réelle conclusion. La décision est remise à la prochaine rencontre et pour justifier ce report, Bernard est « lesté » de quelques questions complémentaires.

Après avoir demandé à l'un de ses collègues d'emmener le nouveau venu au restaurant pour son premier jour, Bernard choisit de déjeuner avec Paul son manager et André, le responsable de la production, pour régler des questions urgentes. La connivence entre eux est grande. Les questions de fond sont abordées sans tabous, car la qualité de leur relation le leur permet. Paul s'inquiète du retard pris par le projet, mais Bernard lui assure que son équipe fait le maximum.

Son après-midi est remplie par une succession de tâches :

- des réunions ;
- de courtes périodes de répit (idéales pour prendre connaissance des e-mails arrivés depuis le matin) ;
- des travaux divers suite à des demandes comme : « il nous faut telle information immédiatement », « merci de nous retourner ce document complété pour demain », « nous avons besoin de votre présence à cette réunion », etc. ;
- de petits entretiens informels avec des membres de son équipe pour régler des problèmes en suspens. Bernard a beau avoir une politique de « porte ouverte », il est quand même obligé de refuser certaines entrevues par manque de temps.

À 19 h 15, Bernard ne peut que s'excuser auprès du nouveau pour le peu de temps qu'il a pu lui consacrer : « Tu vois, nos journées sont de vraies courses contre la montre ! J'espère que demain, j'arriverai enfin à dégager du temps pour toi… »

Sur le chemin du retour vers son domicile, Bernard s'interroge à nouveau sur le retard pris par le projet : « Je fais de mon mieux, mais les horaires de travail ne sont pas extensibles au-delà d'une certaine limite. Ce n'est pas de ma faute si je n'ai pas pu passer du temps avec le nouveau, et si je n'arrive plus à suivre le projet ! »

Les questions-clés

La journée de Bernard est dense, elle comprend de multiples activités, certaines prévues, d'autres exceptionnelles. Ce chef de projet ne semble pas perdre une minute.

? Toutefois, la manière dont il organise son temps est-elle vraiment efficace ?

? Comment pourrait-il affiner sa gestion des priorités ?

? Peut-il agencer son temps différemment ?

La structure du temps

Nous utiliserons un outil issu de l'analyse transactionnelle[1]. Selon son créateur, Éric Berne, dans toute situation où aucune organisation du temps ne nous est imposée, nous créons notre propre structure du temps qui se répartit en plusieurs usages : retrait, rituel, passe-temps, activité, jeu ou intimité.

Les différents usages du temps

Reprenons l'exemple de Bernard, et examinons sa journée sous l'angle des usages du temps. Nous n'avons pas retenu ici l'ordre chronologique, car nous avons préféré classer les usages du temps selon le degré d'implication de Bernard, par ordre croissant.

Lors de la première partie de la réunion à laquelle il participe, Bernard se met en retrait, n'étant pas concerné directement par le sujet traité. Cette attitude peut s'avérer utile pour ceux qui ont besoin de récupérer ou de se concentrer. Elle peut devenir gênante si elle dure trop longtemps ou est inadaptée à la situation (la présence d'une personne en retrait tout au long d'une réunion n'a aucune utilité).

Dès que Bernard arrive, sa première action est de faire la tournée des bureaux. Il effectue ainsi un rituel de prise de contact. Le rituel est l'activité habituelle, reconnue par tous les individus présents, par laquelle nous commençons une relation. Cela peut être la poignée de main, mais aussi le café en début de réunion, la lecture du compte rendu de la réunion passée, etc. Signe de partage des conventions sociales, le rituel rassure ceux qui y participent et facilite l'échange.

1. L'analyse transactionnelle est un outil d'analyse des relations entre deux ou plusieurs personnes. Elle ne porte pas sur une personne, mais plutôt sur la nature des échanges ou des transactions – d'où son nom – entre les personnes.

Toutefois, il ne doit durer qu'un temps, sous peine de créer un sentiment de « vide » (la visite matinale du chef de projet devient vite exaspérante pour certains).

Bernard prend ensuite son café avec toute son équipe, il s'agit pour eux d'un passe-temps. Similaire au rituel, le passe-temps est vécu avec plus de liberté dans ses modalités et son contenu (à l'heure du café, le sujet du jour varie selon l'actualité). Les participants échangent, mais n'engagent pas d'actions. Le passe-temps a donc comme avantage de favoriser les échanges sociaux, mais comme limite de ne conduire à rien… si l'on n'en sort pas.

De 9 heures à 10 h 30, Bernard prend connaissance de ses e-mails et y répond si nécessaire. Cette période d'activité vise l'atteinte d'un but. Elle est indispensable à la réalisation de nos objectifs et nous y consacrons la plus grande part de notre temps de travail. Dans une équipe projet, l'activité (dans le sens donné ci-dessus) engendre vite une certaine monotonie si elle est continue.

Le violent affrontement entre Johann et André lors de la réunion à laquelle participe Bernard est perçu comme « classique » par chacun des participants. Ce « jeu » est une forme de théâtre dans lequel chacun a un rôle plus ou moins convenu d'avance et qui se termine par un sentiment de malaise. Sans entrer dans le détail (vous trouverez dans la bibliographie des livres sur le sujet[1]), nous pouvons dire que ce sont des situations d'échanges répétitifs et pleins d'émotions que nous reproduisons inconsciemment. Si par exemple mon responsable ne supporte pas celui d'un autre service, je peux, inconsciemment, adopter avec les membres de ce service la même attitude que lui. Un jeu n'apporte pas de gains décisifs, et est souvent source de malentendus et de complications.

Enfin, le déjeuner de Bernard avec son manager et André est un moment d'« intimité ». L'intimité est l'échange ouvert dans lequel nous exprimons nos opinions et nos sentiments de façon authentique.

---

1. *Manuel d'analyse transactionnelle* de I. Steward et V. Joines et *Des jeux et des hommes* de É. Berne et L. Dilé (voir bibliographie en fin d'ouvrage).

Elle suppose une grande confiance vis-à-vis de l'autre et c'est là que se trouve sa limite. Cette structure du temps est la plus valorisante.

Selon les cultures

Dans certaines cultures (par exemple anglo-saxonne), l'activité est survalorisée. Lorsque vous entrez dans le cabinet d'un avocat américain, vous avez intérêt à aller directement au but puisque vous le payez au temps passé (l'avocat met d'ailleurs en marche un chronomètre dès que vous arrivez dans son bureau).

À l'inverse, dans d'autres cultures (par exemple orientales), tout entretien commence par le thé et des politesses d'usage (rituels et passe-temps), avant d'arriver au sujet à traiter. Cette structure du temps a aussi, bien sûr, ses limites.

Selon les personnes

Après avoir analysé la structure de son temps, Bernard aboutit au schéma suivant. Il en déduit qu'il passe beaucoup de temps en rituel et en passe-temps. Peut-être a-t-il des marges de progrès possibles à ce niveau...

Structure du temps de Bernard

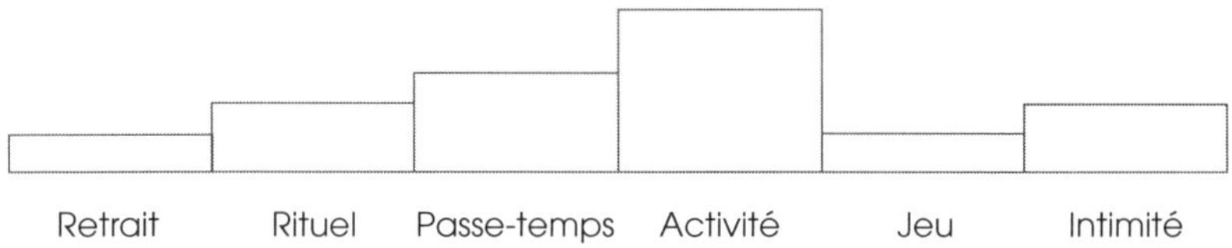

Bernard doit également réfléchir à la structuration du temps de ses collègues dans son groupe projet. Si pour lui les rituels sont importants, pour d'autres l'activité prime. Le fait qu'il n'en tienne pas compte peut se traduire par des jeux ou des passe-temps : ses collaborateurs lui font sentir de manière indirecte leur mécontentement.

Un tableau vous permettra en fin de pratique d'analyser la structure de votre temps. Comme Bernard, vous devez également vous intéresser à celle de vos collaborateurs, afin de mieux gérer les processus de relations en les adaptant aux besoins du groupe : a-t-il besoin de temps d'activité supplémentaire, de moins de passe-temps, d'une répartition différente des usages dans la journée ?

Affiner ses priorités

Nous avons vu dans la pratique précédente comment hiérarchiser nos priorités. Voici une manière d'affiner cette méthode.

Nous avons en effet à effectuer des tâches plus ou moins urgentes en fonction des délais que nous nous fixons (ou qui nous sont imposés). Ces tâches peuvent prendre un temps plus ou moins long ; elles peuvent ne dépendre que de nous ou aussi du travail d'autres personnes ; elles peuvent s'effectuer en une fois ou de manière morcelée dans le temps...

Comment choisir parmi elles celles qui sont à traiter immédiatement ?

Les degrés de priorité

Le degré de priorité d'une tâche peut être fonction de son importance et de la durée estimée pour sa réalisation, comme le montre le tableau suivant.

		Réalisation	
		Rapide	Longue
Importance	Moindre	B	D
	Forte	A	C

En supposant que vous ayez des tâches des quatre types à effectuer, par lesquelles commencez-vous ?

Nous tombons généralement très vite d'accord sur deux points en choisissant :

- de commencer par « A » (réalisation rapide/forte importance) pour nous en débarrasser ;
- de terminer par « D » (réalisation longue/moindre importance).

Le vrai débat porte donc sur « B » et « C » :

- privilégier « C » (réalisation longue/forte importance) peut sembler logique. Toutefois, dans un monde un peu turbulent, attendre est parfois utile ;
- choisir « B » (réalisation rapide/moindre importance) en deuxième option peut être une bonne idée : cela dépend si vous devez effectuer vous-même la tâche ou si vous pouvez la déléguer.

Dans tous les cas, le risque est que les demandes perçues comme peu importantes peuvent changer de délai à tout moment (ce qui semblait lointain devient un jour très urgent).

Construire une grille de priorités

Pour choisir quelles tâches privilégier, vous pouvez construire une grille de priorités. Vous cocherez les cases correspondant aux affirmations qui vous semblent vraies pour chaque tâche (vous pouvez bien sûr ajouter à la fin du tableau des affirmations supplémentaires).

		Tâche			
		1	2	3	4
Critère de priorité	Elle me rapproche de mes objectifs.				
	Elle m'a été demandée par un supérieur.				
	Le travail des autres en dépend.				
	Les conséquences d'un retard sont importantes.				
	Je suis le seul à pouvoir la réaliser.				
	Sa réalisation a un impact non négligeable sur l'équipe.				
	…				

S'il avait rempli une telle grille, Bernard aurait peut-être changé sa routine et trouvé plus de temps pour accueillir le nouveau collaborateur : il est le seul à pouvoir le faire, et cette action a un impact fort sur son équipe (en termes d'image et d'intégration de la personne…).

Agencer son temps

Comment tirer parti de toutes ces considérations sur la gestion du temps ? Une planification à plusieurs niveaux (mensuel, hebdomadaire, quotidien) et une chasse aux voleurs de temps devraient vous y aider.

Une planification à plusieurs niveaux

Planifier, c'est avoir une vue d'ensemble des tâches à accomplir et leur allouer un temps raisonnable. Nous supposons ici que les tâches sont à effectuer sur un horizon de temps qui peut être la journée, la semaine ou le mois, et que vous pouvez estimer leur délai de réalisation. Bien sûr, il vous faudra aussi accepter que tout ne soit pas planifiable et donc conserver du temps disponible pour les impondérables.

La meilleure manière d'agencer son temps est d'utiliser un agenda ou un support visuel qui facilite la visualisation de vos objectifs. Vous vous donnerez ainsi une discipline :

- mensuelle :
  - reportez les actions récurrentes (par exemple la réunion du troisième mardi du mois) ;
  - réservez des plages de temps pour les tâches importantes non urgentes (les 5 à 10 % de temps clefs) ;
  - notez les actions importantes et urgentes ;
- hebdomadaire :
  - vérifiez le vendredi soir la place allouée aux tâches importantes la semaine suivante ;
  - assurez-vous de l'adéquation des temps consacrés à chaque projet ;
  - préparez-vous le vendredi soir ;
- quotidienne :
  - assurez-vous de l'adéquation des plages de temps prévues pour chaque tâche dans la journée ;
  - fixez-vous trois objectifs par jour ;
  - préparez-vous mentalement le soir pour le lendemain.

Les voleurs de temps

La bonne gestion des voleurs de temps (petits ou grands) dépend en grande partie de vous.

Les « petits » voleurs de temps sont les interruptions en tous genres, qui peuvent être :

- involontaires : visiteurs imprévus, problèmes technologiques de tout ordre (par exemple une panne d'ordinateur) ;
- plus ou moins volontaires : consultation en temps réel de la messagerie, passe-temps divers, mauvaise circulation de l'information au quotidien, etc.

Pour les empêcher de nuire, vous pouvez adopter une utilisation différente de la messagerie en ne répondant que deux fois par jour aux e-mails reçus, ou réaliser un mini-process d'évaluation des tâches urgentes.

Les « grands » voleurs de temps sont quant à eux liés :

- à ce que vous aimez faire : vous avez plaisir à réaliser tel ou tel tableau (souvent parce que vous vous en chargiez dans un emploi précédent) et vous continuez à vous en occuper, même si vous pourriez déléguer cette tâche. Ce type d'action peut représenter 10 à 15 % de votre temps. Imaginons trois patrons d'entreprises du bâtiment qui ont les mêmes activités. Le premier se fait un point d'honneur de calculer l'approvisionnement des chantiers. Le deuxième tient à suivre toutes les réunions de chantiers. Le troisième synthétise systématiquement les tableaux de suivi des chantiers. Si chacune des tâches est si essentielle, pourquoi n'y attachent-ils pas tous autant d'importance ? Peut-être parce qu'ils n'y trouvent pas tous la même satisfaction… ;
- à votre forme de travail et notamment à votre définition de la perfection. Si la recherche de cette dernière est louable en soi, il faut aussi savoir s'arrêter. Par ailleurs, ce que vous appelez « perfection » n'est pas perçu de la même manière par ceux qui assurent la suite de votre travail. Nous reviendrons sur ce sujet dans la pratique suivante ;
- aux conflits entre personnes et à ce que nous appellerons plus globalement le « stress relationnel ». Vous consacrez plus de temps à

mettre de l'huile dans les rouages de vos équipes qu'à votre activité elle-même.

Peut-être ces voleurs de temps sont-ils moins faciles à contrer… Vous pouvez toutefois vous focaliser sur le cœur de votre métier, bloquer des créneaux pour une tâche et ne pas en sortir, et mieux préparer les réunions auxquelles vous participez.

Les leçons de l'expérience

Structurer son temps, c'est prendre conscience de son mode de fonctionnement mais aussi de celui des autres. Le plus gros voleur de temps est souvent la relation imparfaite à l'autre, d'où l'importance de bien le comprendre pour mieux lui transmettre ses messages et recevoir les siens.

Trois écueils à éviter

« Ce n'est pas moi qui décide de mes priorités... »
Peut-être, mais vous pouvez les hiérarchiser.

« Si je ne réponds pas rapidement à un e-mail, j'ai un appel téléphonique. »
Éduquez vos interlocuteurs. Dites-leur que vous allez bientôt prendre connaissance de leur message et remerciez-les de vous avoir prévenu.

« Mon manager ne me montre pas l'exemple. »
Raison de plus pour ne pas vous laisser submerger par son surcroît de travail.

Trois conseils à méditer

« Ceux qui emploient mal leur temps sont les premiers à se plaindre de sa brièveté. » (La Bruyère.)
Prenez conscience que vous gâchez plus ou moins volontairement du temps. Après, libre à vous de changer !

« Tout ordre donné sans une date limite d'exécution est sans valeur. » (Maréchal Lyautey.)
Faites preuve d'exemplarité auprès de vos collaborateurs. Négociez des délais autres que « dès que possible ».

« Que peu de temps suffit pour changer toutes choses. » (Victor Hugo.)
Tester cette démarche, c'est l'adopter !

La matrice de structuration du temps

Notez dans le tableau suivant le temps passé selon chaque type d'usage du temps, puis calculez cette répartition en pourcentage. Si toutes ces étapes sont utiles, certaines sont simplement plus efficaces que d'autres pour atteindre vos objectifs : faites votre choix !

Par ailleurs, comment souhaiteriez-vous répartir idéalement votre temps ? Que pourriez-vous faire pour y parvenir ?

Faites cet exercice sur une période de temps définie à l'avance. Une astuce : commencez sur une heure (voire une demi-heure) pour vous entraîner !

Usage du temps	Temps passé	% du temps étudié	Votre objectif	Comment l'atteindre ?
Retrait (vous êtes absent mentalement)				
Rituel (les bonjours, au revoir, etc.)				
Passe-temps (les discussions sur la pluie et le beau temps)				
Activité (le travail effectif : vous êtes présent et concentré)				
Jeu (les échanges répétitifs, plein d'émotions pour vous)				
« Intimité » (le sentiment d'échanges en pleine confiance)				
		100 %	100 %	

Loi de Fraisse[1]

Plus l'intérêt est grand, plus le temps passe vite.

1. Paul Fraisse (1911-1996), psychologue français, spécialiste de la perception du temps.

PRATIQUE N° 4

Veuillez rappeler ultérieurement

Nous voilà au cœur du sujet. Vous gérez au mieux vos priorités et vous avez pris de bonnes résolutions. Maintenant, il faut passer à l'action, sans vous retrancher derrière : « C'est bien vrai tout cela, mais je n'ai pas le temps » ou « Il faudrait plutôt en parler à mon responsable »... Le temps est une denrée rare, et pourtant, vous pouvez en disposer, en faisant preuve de volonté et d'organisation, et en communiquant.

Histoire vécue

Philippe est le responsable informatique de la filiale d'un grand groupe. Il gère une équipe de quatre personnes, qui se chargent principalement d'adapter localement les projets de la maison mère. Son rôle est multiple : il participe aux projets de la maison mère, recommande des solutions appropriées et assure la maintenance locale du système informatique.

Avec ses nombreuses années d'expérience, Philippe rêve de contribuer de plus en plus aux grands projets. Malheureusement, si sa direction l'y encourage, le développement des RTT et la charge croissante de travail font contrepoids.

Philippe est ainsi très souvent obligé d'intervenir, en complément ou à la place de son équipe, sur des aspects pratiques : le système qui ne démarre pas le matin, les imprimantes en réseau qui font grève, un logiciel qui ne fonctionne pas... De nature serviable, il a jusqu'à maintenant accompli ces tâches, en pensant que c'était important. Dans une petite filiale où tout le monde se connaît, rendre service à ses collègues fait partie des règles du jeu.

Toutefois, son comportement commence à avoir des contreparties non négligeables : sa participation aux grands projets et leur adaptation prennent du retard.

Impliqué dans trois projets, Philippe se rend compte non seulement du mal à être présent aux réunions, mais aussi qu'il n'arrive plus à préparer sa contribution. Une observation sur une semaine lui révèle qu'il est interrompu toutes les cinq minutes en moyenne quand il est dans son bureau, pour de multiples raisons :

- « Tu n'as pas vu... ? » ;
- « Mon ordinateur ne marche pas. » ;
- « J'ai oublié comment... » ;
- « Quand pourras-tu... ? » ;
- « Je ne veux pas te déranger, mais... » ;
- etc.

Philippe décide alors de prendre le taureau par les cornes. Il ferme sa porte (ce qui est à l'opposé de la culture de la filiale) et y met un panneau « Ne pas déranger ». Néanmoins, ses collègues s'aperçoivent vite qu'il est seul à travers les cloisons partiellement vitrées et frappent à sa porte. Par ailleurs, un panneau n'a jamais empêché le téléphone de sonner.

Fatigué d'expliquer constamment pourquoi il a mis cet écriteau, il diffuse un message par e-mail à l'ensemble de ses collaborateurs en expliquant l'importance pour chacun des projets sur lesquels il travaille. Il constate très vite que les gens continuent à l'appeler en s'excusant, ou qu'ils ne semblent pas avoir lu le document.

Sommé par le directeur des systèmes d'information de la maison mère de prendre une position claire sur sa participation aux projets, il va jusqu'à mettre son téléphone systématiquement sur répondeur. Toutefois, comme la filiale est petite, les gens se déplacent ou font jouer leur hiérarchie pour lui demander d'intervenir.

Philippe se retrouve dans une situation inédite pour lui :

- sa direction insiste à la fois sur sa participation aux projets et sur l'assistance qu'il doit fournir au quotidien ;
- ses collègues de la filiale le traitent de carriériste ;

- ceux qui participent aux projets lui reprochent d'être uniquement dans l'urgence et de ne pas savoir prendre en compte le moyen terme.

Dans ces conditions, son entretien annuel se passe mal. Désespéré, il emporte alors du travail à la maison le week-end... et doit faire face aux remontrances de ses proches.

Une remarque de sa femme le sort de ce mauvais pas : « Mon responsable a adopté un système simple. Il s'isole deux à trois fois par semaine en transférant à tour de rôle ses appels sur un de ses trois collaborateurs, dont moi. En contrepartie, nous faisons de même lorsque nous avons besoin de travailler en paix. Cette technique demande juste un peu de volonté : éteindre son portable, quitter son logiciel de messagerie, transférer sa ligne et... dire poliment non aux importuns. Bien sûr, reconnaît-elle, cette attitude peut être un peu gênante au début, surtout si vous avez l'habitude d'une politique de la porte ouverte. Cependant, tu t'apercevras rapidement que tu avances vraiment plus vite si tu n'es pas dérangé. »

Un peu interloqué, Philippe se dit qu'il n'a pas grand-chose à perdre. Dès le lendemain, il réunit ses collaborateurs et leur explique la situation. Ils sont partagés entre l'intérêt de la démarche et la peur de ne pas savoir répondre aux appels transférés.

Pour ne pas leur forcer la main, Philippe procède par étapes. Il persuade son plus proche collaborateur d'essayer pendant quinze jours. À l'issue de cette période, il fait le point avec son équipe. Mis à part deux cas d'urgence réelle, tout a bien fonctionné. Ses collègues ne se sont pas aperçus de son « absence » ou l'ont bien acceptée. La majorité des demandes traitées n'étaient pas complexes ou pouvaient être reportées. Ce succès achève de convaincre le reste de l'équipe de jouer le jeu.

Les questions-clés

Philippe a des besoins simples : mieux répartir son temps entre les travaux de fond et les dépannages ; se réserver des plages horaires calmes pour effectuer les travaux de fond ; satisfaire ses « clients » internes tout en se faisant respecter. Actuellement, il n'y parvient pas, sollicité sans cesse.

- ? Est-il responsable de la situation ?
- ? Comment pourrait-il faire pour ne plus être dérangé ?
- ? Doit-il systématiquement dépanner tous ceux qui l'appellent à l'aide ?

Responsable, mais pas coupable

Si Philippe en veut à ses collègues de leurs dérangements incessants, il en est aussi en partie responsable :

- Ne les a-t-il pas habitués à un service « immédiat » ?
- Ne laisse-t-il pas son téléphone allumé en permanence ?
- A-t-il bien apprécié sa charge de travail pour chaque projet ?
- Dans une petite filiale où l'ambiance est plutôt conviviale, est-ce adapté de s'adresser à ses collègues par e-mail ?

Malgré tout, Philippe a aussi des excuses : il fait ce qu'il peut pour concilier travaux à long terme et urgences. Or, la culture de l'urgence fait qu'aujourd'hui nous ne supportons plus d'attendre.

Dans notre civilisation, celui qui gère le temps a le pouvoir. Les combats entre les communes et les églises pour la définition du temps sont exemplaires. Durant des siècles, ce sont les églises qui rythmaient les journées avec leurs cloches. L'apparition des pendules au fronton des mairies, la démocratisation des montres et surtout l'interdiction des cloches sous prétexte de troubles de l'ordre public sont quelques-unes des étapes qui ont conduit au transfert du temps vers les pouvoirs civils.

De même peut-on se pencher sur la pendule et les pointeuses qui marquent le rythme de travail des ouvriers. Le fait que les cadres soient considérés comme non assujettis au pointage fut pendant longtemps reconnu comme un signe de pouvoir.

Aujourd'hui, dans de nombreuses entreprises, les cadres pointent, ce qui trahit :

- une preuve des exagérations en la matière ;
- leur sentiment de perte de pouvoir ;
- la nouvelle image qu'ils ont de leur rôle (« des mercenaires, pas des esclaves »).

Dans ce contexte, vous pouvez avoir inconsciemment l'impression, en vous réservant du temps, de vous placer « au-dessus » de vos collaborateurs. C'est probablement la raison qui freine, au départ, Philippe dans sa démarche.

Pourtant, vous devez réaliser que la notion de temps est en train d'évoluer. Le temps est aujourd'hui inscrit non pas dans la continuité, mais dans l'instantanéité. Philippe doit ainsi situer sa démarche dans un environnement où tout pousse à l'urgence. Or les travaux de fond nécessitent de longues périodes de réflexion.

Se réserver du temps

Il y a quelques années, travaillant dans un service informatique, j'avais choisi de changer de bureau lorsque je devais travailler de manière approfondie sur un dossier. Cela créait un jeu de cache-cache qui, bien qu'efficace, n'était pas toujours très bien perçu.

Certaines entreprises ont mis en place des procédures. Une grande société de distribution de vêtements a par exemple instauré une règle simple : personne ne peut être joint avant onze heures du matin. Celui qui appelle tombe sur un standard qui prend le message ; le collaborateur concerné peut rappeler s'il le désire. Ce système s'applique à tous les niveaux, à commencer par le PDG.

D'autres encore édictent des règles valables pour leur service. Vous pouvez tout aussi bien établir les vôtres, en respectant quelques principes :

- votre liberté s'arrête là où celle des autres commence. Si par exemple vous ne prévoyez personne pour vous remplacer lorsque vous vous isolez, vous pouvez gêner certains de vos collègues et les mettre dans l'incapacité de travailler. Vous risquez alors d'engendrer rapports de forces et petites vengeances ;
- tout est affaire d'organisation. Partagez avec d'autres – nombreux si possible – ce besoin d'isolement. Non seulement, ils vous aideront à protéger vos plages de temps, mais en plus ils seront les meilleurs propagandistes de cette approche, l'ayant eux-mêmes appréciée ;
- remerciez les personnes qui jouent le jeu et respectent votre nouvelle organisation. Leurs efforts seront perçus comme un « plus » et non comme un dû. L'établissement d'un rapport d'égalité favorise l'acceptation de cette pratique (voir conseil précédent) ;

- ne relâchez pas vos efforts. Comme dans l'apprentissage d'une langue étrangère, un simple laisser-aller risque de vous faire perdre des semaines d'application.

Vous trouverez à la fin de cette pratique quelques moyens de favoriser ce genre d'actions.

Qui traite quoi ?

Trouver du temps ne suppose pas seulement une discipline en termes d'organisation. Vous aurez également à discerner les tâches qui vous incombent et celles que d'autres sont censés réaliser.

Depuis les années quatre-vingt-dix, par souci de rationalisation, nombre d'entreprises ont déployé des efforts importants pour organiser les postes de manière plus professionnelle. Cette démarche entrait dans le cadre du vaste mouvement du développement des compétences et de l'appréciation individuelle. Cette action a des limites de plus en plus évidentes. Une grande entreprise du secteur de l'énergie a par exemple mis trois ans à publier des fiches de poste validées. Or les évolutions des métiers et les modes transverses avaient rendu obsolètes entre temps nombre de ces constructions rationnelles.

Dans certaines sociétés, chaque titulaire d'un poste reçoit une fiche complète spécifiant ce qui est de son ressort et ce qui ne l'est pas. À l'opposé, il arrive que les fiches de poste soient peu précises : le titulaire définit alors lui-même ses fonctions, en délaissant ce qui ne l'intéresse pas et en s'adjugeant, parfois de force, les actions qu'il apprécie. Gare aux « trous noirs » entre deux collaborateurs !

À vous de compléter les documents existants grâce aux définitions qui vous sont données par votre manager afin de savoir si une tâche vous incombe. Voici une grille de questions qui vous y aidera. Avant de traiter un nouveau sujet, demandez-vous systématiquement :

1. Faut-il que je traite ce problème ? Vous avez alors trois possibilités :
   - il est de votre responsabilité : vous le résolvez ;

- il n'est pas de votre ressort : vous le faites suivre à la personne concernée ;
- il est indirectement à traiter par vous : vous faites la part qui vous concerne.

2. Ai-je les moyens de résoudre ce problème ? Si non, qui les a ou qui peut me les fournir ?
3. Ai-je envie de résoudre ce problème ? Deux cas de figure se présentent :
   - s'il vous incombe et que vous avez envie de vous en charger, tout va bien. En revanche, si vous n'avez pas l'obligation de le traiter, mais que vous souhaitez le faire, réagissez : votre emploi du temps vous le permet-il ? Si c'est le cas, consultez votre responsable pour obtenir le droit de traiter cette tâche ;
   - si vous devez vous charger du problème mais que vous n'en avez pas envie, la situation est plus délicate. Quelle méthode adoptez-vous alors ? Êtes-vous « honnête » en vous acquittant de la tâche ou essayez-vous de la transmettre à un autre ? Attendez-vous simplement qu'un de vos collaborateurs s'en occupe à votre place ou le lui demandez-vous franchement ? Aimeriez-vous qu'il fasse la même chose que vous ?

Les leçons de l'expérience

Trouver du temps est à la fois affaire de volonté personnelle et d'organisation. Vous n'êtes pas seul et vous devez tenir compte des comportements et des attitudes de ceux qui partagent votre vie professionnelle (n'oubliez pas que vous les avez souvent générés vous-même). Moyennant quoi, vous pourrez vous discipliner et « éduquer » votre entourage.

Trois écueils à éviter

« Mon entreprise a la culture de l'urgence. »
Apprenez à ne réagir aux e-mails que toutes les quatre à cinq heures et à éteindre votre portable.

« Mes chefs ne veulent pas jouer le jeu. »
L'exemplarité ne vient pas toujours d'en haut, vous pouvez aussi contribuer à l'éducation de tous.

« Le temps qui passe a raison de mes bonnes résolutions. »
Faites le point régulièrement. Donnez-vous des objectifs simples et rapides à réaliser.

Trois conseils à méditer

Apprenez à vous mettre en retrait (notamment du téléphone et des e-mails).
Si vous êtes « accro », commencez doucement : une heure, puis deux…

Éduquez vos collaborateurs.
Soyez exemplaire et consacrez-leur vraiment du temps lorsque vous les voyez.

Diffusez un message positif à vos collègues lorsque vous vous isolez en leur offrant une alternative.
Proposez une solution à ceux qui se plaignent de ne pouvoir vous joindre instantanément.

Les quatre règles d'or pour retrouver du temps

Philippe a compris qu'il devait libérer des plages de temps libre au calme et a procédé de différentes manières. Et vous, que pouvez-vous cocher comme « Fait » dans cette grille ?

Actions	Fait	À faire
1re règle – Faire le ménage devant sa porte		
Mettre son téléphone fixe sur répondeur avec un message *ad hoc* signalant la personne à joindre en cas d'urgence, ou transférer automatiquement ses appels		
Éteindre son téléphone portable		
Supprimer la sonnerie prévenant de l'arrivée de nouveaux e-mails		
Avoir sur l'écran de son ordinateur autre chose que sa messagerie		
2e règle – Éduquer son équipe		
Expliquer le sens de sa démarche (à quoi sert-elle ?) en rappelant les objectifs visés		
S'assurer que le remplaçant choisi est d'accord et opérationnel		
Bien définir avec lui ce qu'il doit faire (et vérifier notamment qu'il ne consacre pas ce temps à des travaux de fond)		
Proposer la réciprocité (les collaborateurs pourront eux aussi disposer de plages pour les travaux de fond)		
3e règle – Diffuser le message auprès de ses collègues en transverse		
Leur dire qui contacter (d'où l'importance du message sur le répondeur)		
Diffuser l'information selon les modes d'assimilation des personnes : certaines ont besoin de la lire (e-mail), d'autres de la voir (panneau, affiche), d'autres enfin de l'entendre (annonce lors de réunions ou conversations)		
Remercier régulièrement ceux qui jouent le jeu (c'est un bon facteur d'entretien de la démarche)		
4e règle – Faire respecter ces règles par les chefs*		
Les impliquer en amont		
Leur en montrer les gains (et les risques associés)		
Les rassurer sur les compétences de leurs collaborateurs		
Montrer que l'on y croit soi-même		

* Y compris par le sien !

Loi de Carlson[1]
ou loi des séquences homogènes de travail

Tout travail interrompu prend plus de temps et est moins efficace que s'il est effectué de manière continue.

1. Sune Carlson, professeur suédois, chronométra avec ses collaborateurs, dans les années 1950, le travail quotidien de managers. Ils observèrent que ceux-ci ne travaillaient pas plus de 20 minutes sans être interrompus.

PRATIQUE N° 5

Non !

Vous avez réussi à dégager du temps au calme. Néanmoins, vous êtes toujours soumis à des demandes de travail supplémentaire… Une des principales causes de perte de temps est l'incapacité à dire non. En effet, il est toujours délicat de refuser d'apporter son aide à son responsable ou à un collègue serviable. Il arrive toutefois que l'on fasse preuve d'autorité en refusant au contraire une demande de manière abrupte, et les conséquences n'en sont pas moins dommageables. Essayons de trouver un juste milieu…

Histoire vécue

Malik est chef de projet dans l'unité régionale d'une entreprise travaillant dans le domaine de l'énergie. Son rôle est à la fois simple et complexe : dimensionner à la taille optimale les « tuyaux » qui composent le réseau en tenant compte des besoins actuels et futurs. Il tente de trouver un équilibre entre les souhaits :

- de l'exploitation (prévoir large) ;
- du commercial (l'offre doit précéder la demande, car celle-ci n'attend pas, et une autre forme d'énergie peut être choisie) ;
- de la finance (faire au plus juste et au plus près de la demande, pour avoir des recettes en même temps que les dépenses) ;

- du responsable des achats et des appels d'offres (lancer le plus en amont possible les appels d'offres).

Choisi pour ses talents de négociateur et sa grande capacité d'écoute, Malik est confronté à une tâche difficile, compte tenu de la personnalité de ses interlocuteurs et des intérêts en jeu. L'exploitation joue sur les risques de saturation. Les finances font traîner les délais d'approbation des budgets. Le commercial surestime les besoins, et le responsable des achats les délais en amont.

Aujourd'hui, Malik prépare la réunion mensuelle de coordination, qui va porter notamment sur la ZAC des Petits Champs à Bloigny. Cette rencontre est importante. Les intempéries ont retardé le début des travaux préliminaires, les commerciaux ont fait savoir qu'il y avait de gros contrats à la clef si..., les financiers crient haut et fort que les temps sont durs et qu'il faut réduire les budgets prévisionnels. Bref, une ambiance classique...

Pour organiser la réunion, négocier en amont avec chaque partie et définir le délai imparti aux différents sujets à aborder, Malik a bien besoin de sa journée. Il a donc libéré son temps en conséquence.

C'était sans compter le téléphone : à 9 h 30 Yves, son manager, alors en comité de direction, l'appelle pour lui demander d'être présent à sa place dans une autre réunion. Celle-ci a un caractère « stratégique », il est donc essentiel que le service y soit représenté. Bien sûr, Yves est conscient de la charge de travail de son collaborateur. Il sait aussi qu'il pourrait demander à un autre de ses collègues de le remplacer, mais il préfère que ce soit Malik, car il sait qu'il peut compter sur lui. Il n'y aura rien d'exceptionnel à dire ou à faire, puisqu'il s'agit d'avaliser des décisions plus ou moins déjà prises. Un dossier est déjà à sa disposition au secrétariat : il devra simplement s'assurer que les engagements prévus sont respectés.

Malik a conscience que son patron lui témoigne de la confiance à travers cette requête. Il est cependant inquiet du temps qu'elle va lui prendre. « Une heure, c'est une heure, se dit-il. Or il faut que je termine ma propre contribution avant d'appeler mes interlocuteurs en milieu d'après-midi. Une fois de plus, mon déjeuner va sauter ! » Malik cherche à parer au mieux en déléguant certaines tâches à ses collaborateurs.

Revenu de sa réunion, il trouve sur son bureau la copie de l'e-mail d'un directeur adressé à son manager lui demandant des informations « à caractère urgent ». Le manager en question a écrit en marge : « Malik, je sais que tu es surchargé. Toutefois, voici une excellente opportunité de valoriser ton travail auprès d'un responsable qui te connaît peu. Je compte sur toi pour trouver une solution rapide et efficace. Je suis sûr que ta réunion se passera bien demain. »

Malik s'énerve en regardant le détail de la demande. Il en a pour deux heures au moins, car il dispose effectivement des données, mais pas selon la même nomenclature. Il doit donc tout reconstruire. Si une partie du travail peut être réalisée par des membres de son équipe, il devra consolider l'ensemble.

Même s'il ne voit pas l'urgence de la demande, il ne se sent pas capable de dire non à un grand directeur. Il réfléchit quelques instants, puis tout à coup a une idée. Il étudie à nouveau l'e-mail et bâtit une grille de questions complémentaires à destination du demandeur :

« Dans le souci de répondre correctement à votre demande, j'ai besoin au préalable de quelques précisions :

- Les données souhaitées sont-elles en année calendaire ou en année glissante ?
- Devons-nous inclure les projets validés par le national ou uniquement ceux validés par le comité régional ?
- etc. »

Ces questions – un peu tordues reconnaît-il – lui permettent de gagner quelques heures : « S'il répond cet après-midi, ce sera toujours autant de temps gagné pour moi. D'ici là, j'aurai avancé sur ma réunion et avec un peu de chance, je pourrai lui répondre demain après la réunion de coordination. »

Malik ne se sent pas très fier de lui. Il utilise de temps à autre cette ficelle et craint qu'on ne la lui reproche. Son e-mail envoyé, il se remet à la préparation de sa réunion, puis déjeune rapidement d'un sandwich sur le coin de son bureau. Après avoir terminé ses travaux préliminaires, il commence ses entretiens téléphoniques en prévision de la rencontre du lendemain.

À mi-parcours, il réalise qu'il lui faut préparer d'autres données pour convaincre certaines parties. Il appelle alors à l'aide l'un de ses collaborateurs pour terminer dans les temps. Quelle n'est pas sa surprise quand celui-ci lui annonce qu'il doit partir à 18 heures pour aller jouer au squash : « Tu comprends, c'est la seule heure disponible pour faire un peu de sport. J'ai terminé toute la semaine à 20 heures et j'ai besoin de prendre un peu de recul. » Il lui propose en revanche de terminer le travail tôt le lendemain matin.

Pris de court, Malik s'emporte, tance son collaborateur et lui refuse le droit de partir à 18 heures. Il insiste tant et si bien que son interlocuteur accepte de rester. Une fois seul, Malik se sent mal à l'aise. Il s'en veut d'avoir dû utiliser la menace. Était-ce si important d'avoir les données ce soir ? Cela ne pouvait-il pas attendre le lendemain matin, comme le suggérait son collaborateur ?

Il n'a pas non plus été cohérent avec lui-même en faisant le contraire de ce qu'il préconisait. « Mais comment leur dire non autrement ? » se demande-t-il en se remémorant le déroulement de sa journée.

Les questions-clés

Malik a du mal à dire non, mais a-t-il de bonnes raisons d'accepter les demandes qui lui sont faites ? Son responsable lui montre sa confiance : pourquoi lui déplaire ? Un grand directeur a besoin de données : peut-il s'y opposer ? Malik confond ici la forme et le fond. Son responsable n'a peut-être pas conscience de ses efforts, et son collaborateur n'a probablement pas apprécié son attitude.

- ? Pourquoi a-t-il peur de dire non ?
- ? Comment oser dire non ?
- ? Peut-on opter pour une autre solution qu'un non frontal ?

Derrière la peur de dire non

Diverses raisons peuvent nous pousser à accéder systématiquement aux demandes qui nous parviennent : notre rapport à l'autorité, la crainte des réactions négatives, la peur de déplaire ou de montrer de nous une facette non encore dévoilée. Un autodiagnostic en fin de pratique vous éclairera sur vos propres motivations.

Le rapport à l'autorité

Dire non est un acte difficile. Dans notre culture managériale, le rapport hiérarchique est fort. En famille, nous apprenons le concept de l'autorité paternelle. À l'école, les relations sont fondées sur l'écoute et la non-contestation du professeur. À l'université, l'enseignement est souvent encore *ex cathedra* : le maître sait, et l'examen est la transcription de ses théories.

Gare aux contestataires ! Ils doivent être très brillants pour oser défier la parole officielle... Si cette situation vous semble normale, interrogez ceux qui ont pu suivre un enseignement dans l'univers anglo-saxon. Le professeur échange plus avec son auditoire. Il est plus facile de lui poser des questions, d'argumenter, de partager des points de vue divers. Cela ne signifie pas que l'enseignement est meilleur, les rapports sont simplement différents.

Dans la lignée de cette démarche, le « chef » en France est souvent perçu comme celui qui sait ou du moins qui en sait plus que les autres (cette position s'estompe progressivement, mais reste encore vivace dans les milieux techniques). Qui oserait contester un tel personnage ? À l'opposé, dans la culture managériale anglo-saxonne, le chef est plutôt perçu comme un « facilitateur ». Les collaborateurs, dans un mode projet, attendent de leur responsable qu'il leur facilite le travail au quotidien, en prenant les décisions attendues, en leur procurant les moyens dont ils ont besoin et en négociant en transverse avec les autres managers. Il n'a pas obligatoirement besoin d'en savoir plus qu'eux…

Dans notre culture, dire non revient à transgresser un rapport d'autorité qui est dans les normes, et à instaurer un rapport de forces. Nous reproduisons à notre tour ces schémas en refusant de nous l'entendre dire (Malik se comporte ainsi vis-à-vis de son collaborateur).

Voici une difficulté du mode projet en particulier, et de tout travail en transverse : comment être autonome dans un contexte hiérarchique fort ?

La crainte de réactions négatives

Nous avons aussi peur du jugement de notre interlocuteur et des mesures de rétorsion possibles si nous refusons d'accéder à sa demande : peut-être risque-t-il de prendre sa revanche… Il y a donc dans cette dimension non seulement un rapport de force, mais aussi une part d'émotion liée aux relations que nous établissons avec les autres.

Si ces rapports ne sont pas sains, ils peuvent se traduire sous diverses formes. Parmi elles, nous citerons :

- la passivité : la personne à qui nous disons non se retranche dans l'application stricte de ce qui lui est demandé, sans prendre d'initiative (« Tu m'as demandé d'appeler Bernard, je l'ai fait : il ne répond pas » au lieu de « Bernard ne répond pas, j'ai laissé un message sur son répondeur et j'ai réussi à joindre son collègue pour l'avertir de l'urgence » ;

- la manipulation : le « contournement » ou la mauvaise foi en sont de bons exemples. Malik se sert de cette approche en demandant des précisions supplémentaires au directeur pour reporter le travail demandé. Une autre forme de manipulation est exercée par le responsable de Malik qui lui dit : « Je n'ai confiance qu'en toi. » Face à un tel comportement, il est encore plus difficile de dire non de front. En revanche, si le manipulateur est découvert, il perd toute crédibilité, même s'il est de bonne foi ;
- l'agressivité : Malik adopte finalement cette attitude vis-à-vis de son collaborateur. La victime d'un rapport de force peut se venger ultérieurement, éviter les relations avec son « agresseur » ou aller jusqu'à se mettre en arrêt maladie pour signifier son opposition. Qui n'a pas connu ce genre de situation dans son entourage professionnel…

La peur de déplaire

La crainte de déplaire peut nous empêcher de dire non. Nous avons une certaine image de nous – par exemple celle d'une personne serviable et efficace –, et nous souhaitons l'entretenir. Ainsi Malik, soucieux de montrer sa disponibilité, ne mentionne pas ses propres priorités à ceux qui lui demandent de leur consacrer du temps.

Par ailleurs, notre entourage peut s'être créé une image de nous et en jouer. Malik ne veut pas déplaire à son responsable qui lui témoigne sa confiance, il se trouve alors confronté à une situation difficile en termes de priorités.

Nous devons avoir conscience de l'image que nous voulons projeter. Désirons-nous paraître serviables, efficaces, parfaits, précis ? Quels risques prenons-nous à nos yeux en refusant d'effectuer une tâche ?

Les habitudes

Dire non peut enfin être perçu comme une rupture, un changement inexpliqué de comportement. Malik a l'habitude de remplacer son responsable lors de certaines réunions. S'il a toujours accepté de le faire, comment justifier un refus cette fois-ci ? L'effort à fournir pour s'expliquer et convaincre peut paraître démesuré à Malik par rapport à sa simple présence à une réunion.

Sous cet angle, nous voyons l'effet de l'expérience et des habitudes. Il est plus confortable d'entretenir une habitude que d'y renoncer. Dans leur ouvrage *Petit traité de manipulation à l'usage des honnêtes gens*, Robert-Vincent Joule et Jean-Léon Beauvois montrent comment des personnes de bonne foi maintiennent la décision qu'elles ont prise (alors qu'elles pourraient en changer librement), quand ultérieurement elles réalisent qu'elle leur est préjudiciable. Ce « gel de l'expérience » nous colle à nos habitudes. Malik peut se dire qu'il *doit* remplacer son responsable puisqu'il le fait ordinairement.

Oser dire non

La première étape pour oser dire non consiste à reconnaître ses émotions. Lorsque nous n'osons pas refuser une tâche, nous nous racontons une histoire qui justifie à nos yeux notre position.

En effet, ni le responsable de Malik ni le directeur (l'auteur de l'e-mail) ne l'agressent, et pourtant Malik ressent les faits comme tel. S'il avait été plus disponible, il aurait pris la demande de son manager comme un signe positif de confiance. Or parce qu'il est tendu à cause de la préparation de sa réunion, qu'il pressent difficile, il se sent agressé.

Quelle histoire vous racontez-vous ?

Nous pouvons regrouper les types d'histoire selon quatre thèmes :

- « Nous sommes tous victimes de ce système », qui se traduit par « Nous ne pouvons rien y faire. » Malik se dit que ce n'est pas de sa faute s'il n'a pas le temps de répondre au directeur : il n'a pas le choix. Il excuse aussi son responsable qui ne pouvait faire autrement que de lui demander de le remplacer, et pense que personne ne comprend sa situation… L'attitude qui découle d'un tel raisonnement est le plus souvent la passivité ;
- « Je travaille avec des imbéciles », qui sous-entend « Moi je suis un bon professionnel, mais pas eux. » Malik en veut à son colla-

borateur qui rechigne à rester plus longtemps. Ce type d'histoire entraîne souvent de l'agressivité ;

- « Je n'ai pas le choix », qui signifie « Ils ont raison, c'est leur droit. Je dois m'adapter. » À la différence de la position de victime dans laquelle Malik incriminait le système, il ressent ici la demande comme une forme d'autorité (son responsable, le directeur) à laquelle il doit se soumettre. Cette soumission peut se traduire par de la passivité, de la manipulation (ce qui est le cas), voire de l'agressivité (déportée ici sur son collaborateur) ;
- « Tout cela est positif, ils reconnaissent mes compétences. » C'est ainsi que Malik percevrait la même situation s'il était détendu. Il en retirerait alors de la joie et de la fierté.

Êtes-vous assez lucide pour savoir quelle histoire vous vous racontez le plus souvent ?

Sortir de son histoire

Vous pouvez rester prisonnier de votre histoire ou au contraire en sortir, en passant par quatre étapes.

1. Repérez l'histoire que vous vous racontez

Il vous faut pour cela identifier tout d'abord vos émotions (en prenant du recul pour distinguer les faits des émotions). Vous pourrez alors reconnaître votre part de responsabilité dans cette situation et enfin accepter le fait que d'autres puissent avoir un ressenti différent du vôtre.

2. Concentrez-vous sur les faits

Que ce soit en réfléchissant ou en échangeant avec votre interlocuteur, limitez-vous aux faits en votre possession. Le questionnement et la reformulation peuvent être d'excellents outils pour comprendre le contexte de la demande. Cette clarification vous aidera par ailleurs à valider ou à infirmer le bien-fondé de votre histoire.

3. Partagez vos émotions

Vous pouvez exprimer ce que vous ressentez, en parlant de vous et non de votre interlocuteur. Malik aurait par exemple pu dire à son collaborateur ce qu'il ressentait face à son attitude : « Je ressens ton départ comme un abandon. Je crains de ne pouvoir tenir les engagements promis » et non l'agresser en lui disant « Tu ne peux pas partir ! » Ce comportement, qui n'est pas habituel (nous avons plutôt tendance à reporter la faute sur l'autre) permet d'évacuer ses émotions sans agresser son interlocuteur. L'échange et la compréhension (si vous souhaitez communiquer sur le même plan) sont alors facilités.

4. **Testez des solutions**

Une fois le but clarifié et les émotions exprimées, vous serez plus à l'aise pour proposer des solutions et être entendu. Malik, dans ces circonstances, aurait sûrement mieux accueilli les suggestions de son collaborateur à propos d'une remise du travail tôt le lendemain matin.

Les alternatives au non

Il existe de nombreuses alternatives au non, voici les trois principales.

La méthode des 4P : pourquoi ? Pourquoi ? Pourquoi ? Pourquoi ?

Cette méthode permet de préciser les demandes de manière très efficace, pour revenir à l'essentiel : le besoin à satisfaire. Lorsqu'un collaborateur vous sollicite pour un « service » pressé, interrogez-le en retour sur les raisons de l'urgence.

Imaginons que le collaborateur de Malik ait utilisé cette approche. Elle lui aurait permis de savoir si Malik faisait ou non du travail le soir même une question de principe. (« Le rapport doit partir ce soir pour X raisons. ») Elle l'aurait peut-être aussi conduit à prendre conscience des besoins de son chef de projet.

Négocier par le truchement de la forme

Il y a vingt ans en France, un rapport était une véritable rédaction avec une introduction, un long développement et une conclusion. Depuis, l'usage du fax puis de l'e-mail, l'absence de secrétaire et le manque de temps ont fait prendre des habitudes opposées : une page de synthèse suffit et tout le reste est remisé en annexe.

Négocier par la forme, c'est aller à l'essentiel en se posant quelques questions : toutes les données demandées sont-elles nécessaires à la même date ? Une approximation fournie rapidement suffit-elle dans un premier temps ? Un retour sous une forme simplifiée convient-il ou faut-il une présentation officielle soignée ?

Très souvent, l'application de la loi de Pareto suffit : en 20 % du temps, vous obtenez 80 % des résultats nécessaires. Cette méthode peut vous offrir un répit pour apporter les dernières informations – avec quatorze chiffres après la virgule si nécessaire !

Connaître le véritable délai

L'ennemi est le fameux ASAP[1]. Que signifie exactement une telle formule : tout de suite ou dès que vous avez le temps ? Il est important de bien négocier votre délai, en différenciant :

- le délai précis réel : tous les éléments sont-ils nécessaires à la date fixée ou pouvez-vous « tronçonner » les livrables ? ;
- le délai précis exagéré (vous avez des éléments factuels pour l'apprécier), qui peut être négocié ;
- le délai vague donc dangereux (« pour la fin de la semaine » ou « ASAP »), qu'il faudra vous faire préciser.

Pour discuter un délai, vous devez impérativement comprendre le besoin réel de votre interlocuteur, afin de lui proposer une échéance en conséquence.

Les leçons de l'expérience

Apprendre à dire non passe par une phase de réflexion sur soi-même, sur l'image que l'on pense avoir et sur celle que l'on souhaite projeter. Cette prise de conscience permet de mieux tirer parti des méthodes proposées : démêler faits et émotions, exprimer ces dernières, clarifier les délais… En dehors des réels cas d'urgence ou des crises d'autoritarisme, elle conduit à proposer plus souvent des solutions constructives.

1. *As soon as possible*, dès que possible.

Trois écueils à éviter

« Mon responsable n'appréciera pas. »
Peut-être lui avez-vous donné cette habitude...

« Chez nous, c'est TTS (tout, tout de suite) ! »
Cette situation est plus confortable pour les donneurs d'ordre, mais se servent-ils de tout, tout de suite ?

« Nous sommes débordés : nous n'avons pas le temps de revenir sur le travail effectué. »
Vous êtes un lifophile (de LIFO[1]). Et votre travail de fond, que devient-il ?

Trois conseils à méditer

Ce n'est pas le délai qui compte, mais son respect.
Nous préférons les gens qui respectent les délais à ceux qui promettent de le faire sans y parvenir.

Savoir dire non, c'est aussi respecter son interlocuteur.
Dire non intelligemment implique d'entrer en communication avec son interlocuteur et de bien prendre en compte sa demande.

La réactivité appelle la réactivité.
Plus vous serez taillable et corvéable, plus les gens en profiteront. Bon courage !

1. *Last in first out*, dernier arrivé, premier parti.

Autodiagnostic : « pourquoi je n'ose pas dire non »

Indiquez si vous êtes en accord ou non avec les affirmations suivantes.

		Oui	Non
1	Mes collègues apprécient ma disponibilité.		
2	J'ai toujours été disponible pour certaines tâches.		
3	Il faut favoriser la relation gagnant-gagnant.		
4	L'important, c'est la convivialité.		
5	Mon rôle est de répondre à mon responsable dans les temps.		
6	Je me fonde sur mon expérience.		
7	Je n'aide pas ceux qui ne m'aident pas.		
8	Je ne discute pas les demandes : les gens savent ce qu'ils font.		
9	J'aime rendre service.		
10	Plus le demandeur est haut placé, plus je lui donne la priorité.		
11	Mes collègues sont rancuniers.		
12	Les routines permettent de gagner du temps.		
13	La direction ne veut pas entendre nos priorités.		
14	Une fois que notre entourage nous a collé une étiquette, nous la conservons.		
15	Mon responsable a ses habitudes.		
16	Il faut s'entraider.		

Si vous avez répondu « Oui » :

- aux affirmations 1, 4, 9 et 16, vous attachez beaucoup d'importance à l'image que vous avez auprès des autres ;
- aux affirmations 3, 7, 11 et 14, vous pensez avant tout aux réactions négatives provoquées par un non ;
- aux affirmations 5, 8, 10 et 13, vous craignez l'autorité ;
- aux affirmations 2, 6, 12 et 15, vous êtes lié par vos habitudes.

Loi de Pareto[1]

20 % des moyens permettent d'atteindre
80 % des objectifs.

1. La loi de Pareto, aussi appelée « loi des 80/20 », est une loi empirique qui correspond aux observations de Vilfredo Pareto, sociologue et économiste italien. Cette loi décrit une inégalité présente dans un grand nombre de phénomènes.

PRATIQUE N° 6

S'ouvrir à son environnement

Vous avez su vous réserver du temps « protégé », et vous savez maintenant dire non aux demandes intempestives. Vous seriez à même de gérer correctement vos journées, s'il n'y avait… les « autres ». Le travail en transverse, sous forme de mode projet ou simplement par la transmission d'informations, a fait exploser les frontières des organisations en interne. Peu d'unités travaillent en vase clos aujourd'hui. Les systèmes de gestion intégrés contribuent fortement à ce désenclavement. Comment s'organiser en conséquence ?

Histoire vécue

Chloé est responsable des achats dans une entreprise industrielle. Elle a fort à faire entre les demandes des différents services de l'entreprise et les exigences des financiers (qui jouent un rôle de frein).

Épaulée par une équipe de huit personnes travaillant en mode projet, Chloé parvient tant bien que mal à respecter les délais des demandes tout en recherchant l'économie. « Il faut être masochiste pour accepter d'être ainsi écartelé, mais c'est le métier d'acheteur qui veut ça », se dit-elle avec philosophie.

Le plus difficile à supporter est l'ingratitude : elle réalise tous les jours que son service a mauvaise presse en interne. Ses collaborateurs lui rapportent que les gens poussent de gros soupirs ou lèvent les bras au ciel dès qu'on leur parle des achats.

Forte d'une longue expérience dans plusieurs entreprises, Chloé ne s'en étonne guère : « Nous avons un mauvais rôle, car nous mettons de l'ordre dans la pagaille qui règne. Chacun veut jouer à l'acheteur. Auparavant, nous réalisions des îlots de gains dans un océan de perte. Depuis que nous avons centralisé les achats, nous faisons des économies substantielles, et il y a moins de rupture de stock à tous les niveaux. »

La jeune femme est fière de son équipe : « Les acheteurs comme les assistantes sont de bons professionnels. Ils connaissent bien leur domaine et n'économisent ni leur temps ni leur peine. »

Le fait que son service ne soit pas reconnu à sa juste valeur la préoccupe. Elle consacre beaucoup de temps à justifier les actions de son équipe et à la défendre. À ses yeux, les achats font partie d'un processus transverse : or elle est toujours avertie à la dernière minute par les partenaires concernés. Elle organise pourtant nombre de réunions pour anticiper. Comment convaincre ses interlocuteurs de mieux jouer le jeu ? Comment développer sa valeur ajoutée ? Comment passer d'une culture réactive à une culture projet avec anticipation des besoins ?

Chloé décide de prendre son bâton de pèlerin : elle veut comprendre ses interlocuteurs. Ceux-ci l'encouragent dans sa démarche de progrès. Toutefois, leurs réponses ne l'aident guère, car soit ils ne lui fournissent que des éléments déjà connus ou des hypothèses assez floues, soit ils tentent d'obtenir des délais plus courts pour des commandes existantes. Elle ne sait comment connaître leurs réels besoins, sans lesquels elle ne peut bâtir sa stratégie.

En discutant de tout à fait autre chose avec un responsable commercial, elle a une révélation. Son interlocuteur lui expliquait comment il faisait évoluer la culture de ses commerciaux : « Avant, mes commerciaux proposaient leurs produits et services, puis écoutaient le client. Aujourd'hui, je leur demande de poser des questions et de ne proposer que ce qui a une réelle valeur pour le client, c'est-à-dire ce qui va l'aider à atteindre ses objectifs. Nous vivons une véritable révolution : ce n'est pas nous qui vendons, ce sont les clients qui achètent ! »

Chloé réfléchit à cette approche. Comment la transposer dans son domaine ? Elle a toujours pensé que ses partenaires connaissaient leurs besoins et savaient ce qu'ils attendaient du service achat. Elle réalise tout à coup qu'elle-même, pour son service, aurait du mal à répondre à la question : « De quoi avez-vous besoin... ? »

Elle réunit son équipe et lui explique son projet : aller rencontrer leurs interlocuteurs et leur demander ce qu'ils ont comme objectifs.

Après un moment d'incrédulité, ses collaborateurs lui répondent : « D'accord, allez voir nos interlocuteurs. » Chloé comprend qu'ils n'ont pas bien saisi son message. Elle reprend : « Je vous demande, à vous, d'aller voir vos interlocuteurs et de leur poser ces questions. » Tous s'étranglent de rire : « Comment demander à nos interlocuteurs ce qu'ils font, alors que nous les connaissons, pour la plupart d'entre nous, depuis des années ? Nous les avons au téléphone deux ou trois fois par jour ! Nous ne pouvons pas aller les voir et leur demander ce qu'ils font ! »

Chloé rit de bon cœur avec eux : « Je comprends le comique de la situation. Toutefois, il ne s'agit pas seulement de leur demander ce qu'ils font. » Elle leur raconte sa rencontre avec le commercial. « Nous devons comprendre en quoi nous pouvons les aider à atteindre leurs objectifs. » Un peu dubitatifs, les membres de l'équipe finissent par se répartir les personnes à rencontrer.

Une semaine plus tard, Chloé profite de la réunion de service pour leur demander un retour sur les entretiens qu'ils ont menés. Maxime, l'un des acheteurs les plus perplexes lors de la réunion précédente, prend la parole le premier : « C'est surprenant ! Celui que je suis allé voir m'a jusqu'ici toujours parlé de l'importance du prix. Lorsque je lui ai demandé si c'était bien le prix qui allait le plus l'aider, il m'a regardé bizarrement. À ma grande surprise, il m'a dit que ce qui l'intéresserait avant tout, c'était de savoir qui fait quoi chez nous. Il m'a expliqué qu'il ne savait pas toujours à qui s'adresser. Il est vrai que les dossiers circulent beaucoup entre nous : pour lui, cela ne doit pas toujours être évident, compte tenu de la variété de ses demandes. »

Le groupe commence à débattre pour trouver une solution : ne pas échanger les dossiers, tenir une liste à jour (qui s'en charge ?)...

Pour éviter de perdre le rythme de la réunion, Chloé propose de revenir plus tard sur ce point. Julie, l'une des assistantes, reprend son résumé des entretiens : « Mon interlocuteur m'a dit qu'il était difficile de suivre les facturations en cours d'année, car il ne sait pas qui suit quoi. Quand il veut savoir s'il lui reste du budget, il ne sait à qui s'adresser. À ses yeux, chacun se renvoie la balle... »

À nouveau, le groupe recommence à débattre de l'ingratitude des autres services (« Il faut faire leur travail ! ») et des solutions possibles pour y remédier. Certains en profitent même pour revenir sur le premier sujet... Chloé a du mal à relancer le tour de table.

« Pour ma part, reprend enfin Benjamin, j'ai vu quelqu'un qui nous reproche notre côté "tour d'ivoire". Venez-nous voir, me disait-il, venez partager votre expertise avec nous. Nous travaillerons mieux ensemble. »

Chloé sourit à ces mots. Même s'ils ne sont pas très agréables à entendre, elle comprend qu'elle a touché un point sensible. Il faut maintenant en tirer parti pour progresser...

Les questions-clés

En lançant son enquête, Chloé a mis le doigt sur le manque de communication entre services. Elle découvre que si les entreprises souhaitent organiser le travail en transverse pour accroître l'efficacité de leurs équipes, les mentalités n'ont guère évolué. Chacun raisonne en effet souvent en considérant que tout le monde perçoit la même chose que lui et comprend ses attentes et ses propos.

- ? Pour sortir de ce schéma, peut-on éviter le fonctionnement en vase clos et aller au-devant de ses interlocuteurs situés en amont et en aval ?
- ? Comment être averti au plus tôt des changements en cours ou à venir ?
- ? De quelle manière partager l'information avec les membres de son équipe ?

Éviter le vase clos

L'équipe projet ou le service que vous animez font partie d'un tout, et, à ce titre, ils coopèrent avec l'entreprise tout entière.

Les apports de l'analyse systémique

L'analyse systémique[1] nous enseigne qu'un système vivant en vase clos est condamné à mourir.

1. L'analyse systémique facilite la compréhension et l'étude de l'infiniment complexe. Alors que l'approche analytique se concentre sur un élément à la fois, l'approche systémique intègre les interactions entre les éléments (voir l'ouvrage de Joël de Rosnay en bibliographie).

À l'inverse, les systèmes qui favorisent les interrelations se nourrissent et s'enrichissent mutuellement. Tout système doit s'adapter en permanence. Les expériences vécues lui permettent de se renouveler, d'exploiter ses potentiels et d'évoluer.

Le service achats de Chloé, tout transverse soit-il, est perçu par les autres entités comme un système clos, une boîte noire qui aspire la demande et restitue des commandes. Au cours de leurs entretiens, les acheteurs découvrent que les autres entités ont envie de communiquer avec eux, mais qu'il est hors de question qu'elles fassent le premier pas (ah ! les rapports de force en entreprise...). Nous comprenons mieux également pourquoi la première enquête de Chloé sur les besoins des services a tourné court.

Revoir le processus permet de supprimer la surqualité, inutile, et de résoudre les problèmes de sous-qualité perçus par les clients et les fournisseurs internes, source de déception.

Comment s'ouvrir ?

La démarche à adopter se déroule en cinq étapes.

1. Connaître tous les clients et les fournisseurs

Cette phase permet de rassembler l'équipe autour d'une même approche. Quelle que soit la taille de votre équipe projet, vous n'avez souvent qu'une vue partielle de la situation.

2. Identifier les principaux services rendus

Si vous ne traitez qu'avec une partie de l'environnement de l'équipe, vous ne possédez qu'une vision réduite des effets de vos prestations.

3. Savoir ce qu'en font les clients ou les fournisseurs

Comme l'équipe de Chloé, vous découvrirez probablement que, malgré le fait que vous travailliez au quotidien avec vos interlocuteurs, vous les connaissez mal. Posez-vous une simple question : que fait de mes données l'interlocuteur à qui je les transmets ? Sont-elles cruciales pour lui ? Nous consacrons parfois de longues heures à des travaux qui ne servent plus à personne.

4. Construire un plan d'action

Dans le cas de Chloé, les premières actions sont aisées à identifier : faciliter l'information sur les dossiers en cours et simplifier l'information sur les budgets. Elles peuvent être l'objet de mesures concrètes et partagées au sein de l'équipe.

5. Se fixer des indicateurs d'amélioration

Ces indicateurs découlent naturellement du plan d'action. Ils doivent surtout être compris à la fois par votre équipe et par vos partenaires. Choisissez de préférence des indicateurs qui permettent de mesurer des réalisations rapides.

Aussi efficace qu'elle soit, cette démarche peut aboutir à un échec dans les cas suivants :

- vous voulez tout traiter. Mieux vaut travailler par séquences, en commençant par des actions rapides à retour rapide (*quick wins*) ;
- vous vous attendez à des résultats immédiats. C'est un cheminement lent qui portera progressivement ses fruits ;
- vous pensez que vous connaissez bien vos interlocuteurs. Nous avons tous des voisins près de notre domicile, que nous saluons régulièrement. Les connaissons-nous pour autant réellement ?

Bâtir un réseau pour anticiper

L'enquête présentée dans la section précédente se conduit environ une fois tous les douze à dix-huit mois (sauf modifications profondes au sein de l'entreprise), car l'organisation vit au quotidien, et de nombreux petits changements peuvent l'affecter. Cependant, vous ne pouvez attendre un tel délai pour prévoir les besoins de vos principaux interlocuteurs.

Les trois cercles

Afin de mieux organiser l'activité de votre équipe, vous devez en effet anticiper les besoins de ceux avec qui vous travaillez. Pour cela, vous allez mener une action sur la durée, à laquelle vous intégrerez quelques collaborateurs : il s'agit de bâtir un réseau de personnes plus large que celui dont vous disposez.

Prenez une feuille de papier et dessinez trois cercles concentriques qui vous permettront de visualiser la situation.

Réseau d'influences sur votre activité

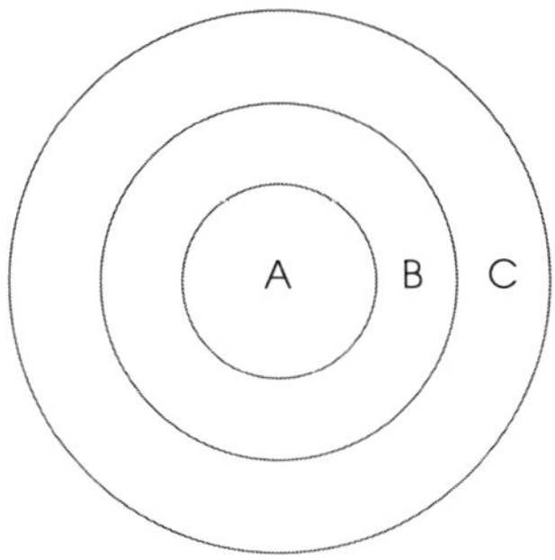

- Le cercle A est constitué des personnes qui influent le plus sur votre activité. Qui sont-elles ? Les voyez-vous régulièrement en dehors des réunions ? Quand et comment pourriez-vous les rencontrer ? Vous pouvez par exemple déjeuner avec l'une d'elles une fois par semaine…
- Le cercle B correspond aux individus qui ont une influence indirecte sur vos projets (souvent *via* les membres du cercle A). Pouvez-vous en dresser la liste ? Comment les informer ? Comment être tenu au courant de leurs attentes ?
- Enfin, le cercle C comprend ceux qui ont une influence périphérique et indirecte sur votre activité. Ces personnes sont moins demandeuses d'informations générales, elles sont plutôt intéressées par les données associées à leur activité. Par exemple, les financiers comprendront mieux votre activité et vos besoins si vous les en informez régulièrement. Les membres de ce cercle sont plus souvent sources de blocages que d'actions proactives…

L'utilité du réseau

Le réseau constitué par ces trois cercles a une double utilité : d'une part il permet de mieux anticiper les besoins et les attentes, d'autre part il valorise l'action de votre équipe projet. N'oubliez pas : ce n'est pas parce que des personnes assistent à vos réunions qu'elles comprennent le travail de votre équipe.

Bien sûr, il ne s'agit pas de « briller » en déclinant toutes les actions entreprises par le service, mais plutôt de préciser, par rapport aux besoins et aux attentes de vos interlocuteurs, ce que vous pouvez leur apporter. Vous serez surpris de constater qu'ils ne vous connaissent pas si bien que cela...

Prêt à commencer ? Alors dressez une liste de dix personnes et invitez (au restaurant d'entreprise) la première d'entre elles cette semaine !

Partager l'information

Vous avez mené une large enquête avec vos collaborateurs pour mieux apprécier les attentes et les besoins de vos clients et fournisseurs. Vous avez constitué progressivement un réseau autour de votre équipe, dans le but de mieux la faire connaître et d'obtenir des informations. Il va maintenant falloir utiliser, animer et entretenir le flux de données qui va découler de ces actions.

Vos collaborateurs seront les premiers à recueillir les informations. Parmi elles se trouveront de vraies et de fausses rumeurs, des précisions essentielles et d'autres insignifiantes.

Il est parfois nécessaire de prendre en compte de faibles signaux. Le meilleur filtre pour déterminer leur pertinence est le regard averti de vos collaborateurs, qui se sentiront de plus responsabilisés si vous partagez avec eux les données reçues.

En France, nous ne sommes pas des spécialistes du recueil et du traitement de l'information, et ce pour différentes raisons : notre éducation refrène en nous l'envie de poser des questions ; le fait de garder pour soi des renseignements a été longtemps associé à une forme de pouvoir, et enfin nous sommes rarement remerciés pour avoir transmis des informations.

Malgré tout, ne vous découragez pas et adoptez une démarche organisée. Commencez par consacrer un moment lors de vos réunions au partage des dernières données reçues.

Vous pouvez aussi fournir à vos collaborateurs des thèmes de recherche en leur imposant un délai (trois semaines par exemple) :

- débattez-en lors des réunions ;
- demandez à chacun auprès de quelles personnes il peut se renseigner ;
- félicitez par écrit et en public ceux qui vous font parvenir des informations ;
- valorisez la valeur ajoutée des données recueillies ;
- présentez-en une synthèse et animez un débat sur le sujet ;
- relancez, deux mois plus tard, une nouvelle recherche sur un thème issu du débat.

Vos collaborateurs prendront l'habitude de rapporter plus régulièrement des informations, ce qui vous aidera à rester en contact avec votre environnement. Quand commencez-vous ?

Les leçons de l'expérience

Prendre en compte les priorités de son environnement, c'est à la fois mieux anticiper les besoins et mieux valoriser son action. L'un des rôles les plus difficiles du chef de projet est de fédérer une équipe composée de collaborateurs travaillant dans des univers hétérogènes, avec des hiérarchies différentes. La recherche et le partage d'informations sont essentiels pour créer des valeurs et un cadre de référence communs.

Trois écueils à éviter

Attendre pour agir que la situation soit plus stable
Il y a toujours un changement en cours, une réorganisation à venir, une évolution de l'environnement... soit une « bonne » raison de reporter sa décision.

Vouloir tout faire seul
Ce que vous gagnerez en temps et en compréhension, vous le perdrez en communication avec votre équipe.

S'en tenir à un seul avis
Chacun ne voit qu'une part de la vérité.

Trois conseils à méditer

Invitez quelqu'un à partager votre déjeuner cette semaine.
Lancez votre invitation dès maintenant, le plus dur est de décrocher son téléphone (ou d'envoyer un e-mail).

Valorisez ceux qui transmettent l'information.
Vous inciterez ainsi les hésitants à suivre leur exemple.

« Faites-vous un ami par jour. » (Paul Ricard.)
Vous serez surpris de constater de quelle manière votre cercle s'élargira.

Guide pour se faire un ami par semaine

Question **Votre réponse**

---

1 Quelles sont les cinq personnes autour de vous (en dehors de votre équipe ou de votre hiérarchie) qui influent le plus en amont ou en aval sur votre activité ?

1. ....
2. ....
3. ....
4. ....
5. ....

---

2 Que savez-vous d'elles ?

1. ....
2. ....
3. ....
4. ....
5. ....

---

3 Pour combien d'entre elles pouvez-vous répondre aux questions suivantes ?

Je sais quel est son principal objectif. ......

Je sais comment elle compte l'atteindre. ......

Je sais en quoi j'y contribue. ......

Elle sait ce que je peux lui apporter. ......

Vous êtes surpris du résultat ? Pas d'inquiétude, c'est normal !

---

4 Si vous n'avez pas obtenu 5/5 à la question n° 3, comment comptez-vous obtenir l'information :

Lors d'une pause-café dans une réunion ? .... ☐

En déjeunant avec la personne ? .... ☐

Ou en lui envoyant un e-mail ? .... ☐

Il est primordial que vous soyez à l'aise avec la méthode adoptée. Commencez par celle que vous préférez.

5 Comment comptez-vous aborder votre interlocuteur :

Sous un prétexte quelconque ? ☐

Ou en lui expliquant votre démarche ? ☐

Vous redoutez la discussion avec votre interlocuteur ?
N'oubliez pas que la seule personne qui nous intéresse, c'est nous !
Parlez-lui donc de lui, il vous écoutera...

Terminé ? Vous connaissez mieux vos cinq interlocuteurs et ils vous comprennent mieux ?

Bravo ! Retournez à la case départ : choisissez cinq autres interlocuteurs clés et reprenez à la question n° 2.

La loi de Metcalfe[1]

L'utilité d'un réseau est proportionnelle au carré du nombre de ceux qui l'utilisent[2].

1. Robert Metcalfe (né en 1946), ingénieur américain, inventeur notamment du protocole Ethernet, a énoncé cette loi empirique : trois personnes isolées ont peu de poids ; ensemble, elles décuplent leurs possibilités d'agir.
2. Trois personnes isolées ont peu de poids ; ensemble, elles décuplent leurs possibilités d'agir.

PRATIQUE N° 7

Partager ses priorités

Vous connaissez maintenant les priorités de votre environnement, et vous partagez régulièrement avec vos collaborateurs les informations. Dans les années soixante, la direction par objectifs a été l'un des moyens de motiver les équipes en leur donnant une orientation, un but et une mesure de leurs efforts. Cette méthode a été efficace tant que les objectifs étaient clairs, stables et progressifs dans le temps. Aujourd'hui, leur multiplicité et leur évolution constante font qu'ils ne jouent plus le même rôle : les équipes, démotivées, ont l'impression d'une course sans fin. Comment sortir de cette impasse ?

Histoire vécue

« Je ne comprends pas la démotivation de mes collaborateurs et des contributeurs. Ils ne pensent plus qu'aux RTT ; les trente-cinq heures nous font beaucoup de mal », s'étonne Quentin, chef de projet confirmé, en dressant le portrait de son équipe. Il reprend : « Nous avons des objectifs clairs. Par ailleurs, nous traitons des projets intéressants situés au cœur de la stratégie de l'entreprise, ce qui fait que nous avons des moyens pour réussir. De plus, nos dirigeants sont à notre écoute. »

Quentin voit juste sur la plupart des points :

- les projets qui lui sont attribués sont des projets clefs ;
- les moyens (humains et financiers) semblent en rapport avec les objectifs visés ;
- les objectifs sont « SMART » (simples, mesurables, acceptés, réalistes et traçables).

Toutefois, personne ne semble réellement motivé, le taux d'absentéisme est élevé, et les congés et autres RTT sont scrupuleusement pris, quelle que soit l'urgence du moment.

Le discours général des membres de l'équipe est pourtant loin de l'idéologie des loisirs. Ils reprochent à leur encadrement un manque de reconnaissance sur les buts atteints et une course permanente à l'objectif :

- « Les objectifs officiels de l'année sont clairs... une fois qu'ils sont fixés en avril ! De ce moment à la fin de l'année, notre interrogation porte plus sur les mille et une autres tâches complémentaires à effectuer, qui ne sont pas en rapport avec les objectifs. »
- « La direction prend toujours des décisions tournées vers le chemin à parcourir, avec la notion d'urgence et de crise. Elle oublie les actions qu'il nous reste à mener sur les projets passés. »
- « Nous avons une culture de *crash program*[1]. À force de vivre dans cette urgence permanente, elle devient banale et nous n'y faisons plus attention. »

Quentin pensait être attentif à la qualité de son management et à l'écoute de ses collaborateurs. Dans ces circonstances, il se sent incompris, voir trahi : « Ce sont des pleurnichards. Plus vous vous occupez d'eux, plus ils en veulent ! » Puis, après un temps de réflexion, il s'interroge : « Que puis-je faire ? Je ne vais pas revenir à la méthode du père Fouettard : le bâton, le bâton et le bâton... »

Peu de temps après a lieu une réunion rassemblant Quentin et son équipe projet. Des besoins en termes de management en ressortent. Quentin n'est pas « attaqué » en tant que personne, la grande majorité des participants le reconnaissent comme un bon manager, malheureusement pris entre le marteau et l'enclume. Le décalage vient plus de la différence entre la demande et la manière dont elle est perçue : « Tout est pour hier, nos marges d'autonomie sont nulles. On nous demande de

1. Programme d'urgence.

savoir prendre du recul et en même temps, on nous reproche d'éteindre nos portables en réunion. »

Tous éprouvent un fort sentiment de stress et s'estiment freinés dans leur capacité à agir, ils ont l'impression de subir, d'être des exécutants. Leur regard sur la communication en place montre bien qu'elle n'est pas adaptée à leurs souhaits : « Les tableaux nous disent où nous en sommes, ce que nous savons déjà. Par ailleurs, cela ne sert à rien de nous dire que nous devons faire plus d'efforts. »

De retour dans son bureau, Quentin consulte ses objectifs : une lettre de gestion signée par son directeur qui comprend... 45 objectifs et indicateurs. Pour les suivre, Quentin tient à jour un dossier de 26 pages ! Il pointe du doigt au hasard deux indicateurs et constate qu'il est incapable de dire à brûle-pourpoint où il en est. Il comprend alors ce que ressent son équipe : elle se sent comme un écureuil courant indéfiniment sur la roue qui forme sa cage. Ses collaborateurs travaillent beaucoup, mais à force de courir après des objectifs sans vision d'ensemble, ils perdent le contact avec la réalité.

Quentin s'en inquiète : « Je ne peux pourtant pas rediscuter les ordres de la direction... » Petit à petit, il prend conscience de ce que signifient les objectifs pour son équipe. Les suivis, tableaux de bord et autres indicateurs sont pour eux des constats tournés vers le passé. Ils sont vécus comme des outils de censure et de contrôle (seuls les résultats négatifs sont largement commentés). Par ailleurs, provenant de la direction, les chiffres imposés sont perçus comme irréalistes.

Il faut que « l'animal sorte de la cage », Quentin en prend conscience. En s'interrogeant sur son équipe, il réfléchit aussi sur lui-même et sur sa fonction : « Qu'attend de moi la direction : des prises de décision, de l'initiative ? Me reconnaît-elle le droit à l'erreur ? »

Il estime important d'être exemplaire vis-à-vis de son équipe et de débattre du sujet avec elle. En effet, comment leur donner confiance s'il se sent lui-même un peu perdu avec de tels objectifs ? Il doit réussir à leur dire des choses difficiles tout en gardant leur confiance.

Les questions-clés

Quentin est un manager. Il organise bien le travail de son équipe, la suit et s'assure de sa progression vers l'objectif. Sous cet angle, il n'a pas démérité. Seulement, il mesure les limites de son rôle. Pris entre deux feux, il ne peut que gérer au mieux des situations diverses qui bousculent en permanence les plannings.

Les membres de son équipe demandent de la visibilité et de la reconnaissance. Quentin n'est ni le « grand boss », ni un magicien, il ne sait que faire à son niveau...

? Comment savoir ce qui motive ses collaborateurs ?
? Comment leur insuffler la direction à prendre ?
? Quels outils utiliser pour effectuer le suivi de son équipe ?

Comprendre les facteurs de motivation

Nous souhaitons tous que nos collaborateurs soient motivés et nous ne voulons d'ailleurs recruter que des personnes motivées. Or la motivation n'est pas un trait de caractère...

Claude Levy-Leboyer, grand spécialiste français de la motivation, la caractérise comme « un processus qui permet de réaliser des efforts importants pour une activité précise ». Cette notion diffère donc du dynamisme. Nous pouvons être motivés pour certaines choses, mais pas pour d'autres.

En simplifiant, disons que nous sommes motivés professionnellement par une ou plusieurs des trois raisons suivantes : notre rôle, notre objectif et nos valeurs.

Notre rôle

Nous pouvons trouver du plaisir à accroître nos compétences dans notre activité ou à travailler en équipe (satisfaction de bâtir quelque chose avec d'autres). En termes savants, c'est la motivation *hédonique* (recherche du plaisir).

Les membres de l'équipe de Quentin ne perçoivent pas ce que leur apporte leur travail actuel. Ils ont l'impression non pas d'avancer, mais plutôt de tourner en rond et de se disperser dans des tâches qu'ils ne trouvent pas plaisantes.

Notre objectif

Nous pouvons avoir besoin d'un but, que nous nous sommes fixés (« Je veux apprendre l'anglais pour voyager ») ou qui nous est imposé par l'entreprise (« Je veux gagner le bonus associé à l'objectif »). Il s'agit de la motivation *extrinsèque* (liée à des facteurs extérieurs). Le but visé est associé dans notre esprit à une récompense matérielle (une promotion, de l'argent...) ou morale (la poignée de main du responsable, l'inscription sur le tableau des gens méritants...).

La confusion entretenue par la multiplicité des objectifs et les changements constants de priorités perturbe l'équipe de Quentin. Elle doit atteindre ses objectifs, tout en consacrant son énergie à des urgences qui l'en éloignent. Or la récompense est-elle associée aux objectifs officiels ou aux urgences ?

Nos valeurs

Dans cette catégorie, nous retrouvons pêle-mêle :

- le sens que nous donnons à notre travail (le bénévole de la Croix-Rouge travaille le week-end, motivé par la noblesse de sa mission) ;
- l'esprit d'équipe, à l'image des équipes sportives (« réaliser ensemble ») ;
- le respect des normes du métier ou de l'entreprise (la joie du comptable qui voit sa balance juste) ;
- etc.

L'équipe de Quentin a perdu le sens de son travail. La fatigue, voire le découragement, pèse sûrement sur l'entente au sein de l'équipe. Certains peuvent alors s'énerver, d'autres se replier sur eux-mêmes.

Partager sa vision

Quentin, à son niveau, doit répondre à leurs interrogations sur le rôle, l'objectif et les valeurs de l'équipe. Pour cela, il doit sortir de sa fonction de manager et passer à celle de leader.

Le rôle du leader

Le manager fixe l'objectif et les moyens, fait agir l'équipe et mesure son efficacité (Quentin joue ce rôle aujourd'hui).

En revanche, nous l'avons vu dans la pratique n° 2, le leader donne une direction, un cap et motive les gens à progresser dans cette voie. Il ne détermine pas les moyens d'atteindre l'objectif, et ne mesure pas les résultats obtenus. Quel serait le rôle de Quentin dans ce cadre-là ? Il n'est pas le PDG, et ne participe pas forcément aux décisions stratégiques : est-il seulement le porte-parole de la direction ? Comment assumer dans ce contexte les multiples changements de cap de sa hiérarchie ?

Pendant longtemps, dans un univers relativement stable, du moins sur un horizon à court terme, les collaborateurs d'une société « voyaient » où allait leur entreprise. Jusque dans les années quatre-vingt, c'était la tendance aux plans à dix ans et à la croissance plus ou moins régulière des chiffres d'affaires et des bénéfices. Aujourd'hui, l'horizon s'est raccourci à douze ou dix-huit mois, et les mouvements sur le chiffre d'affaires, et surtout la marge, sont plus erratiques.

Comment bâtir une vision ?

Dans ces conditions, il est plus sage de sortir du cadre des résultats. La vision que vos collaborateurs attendent correspond aux facteurs de motivation exposés ci-dessus.

Apportez-leur – vous ou votre hiérarchie – les réponses aux questions suivantes :

- Quelle sera notre activité dans un an ?
- Quelles sont les compétences adaptées ?
- Quels moyens pouvons-nous mettre en œuvre, au niveau de l'organisation, en équipe ou à titre personnel, pour y parvenir ?

Vous leur permettrez de répondre à leurs propres interrogations :

- Quels seront nos rôles respectifs dans un an ? Nous parlons ici de contenu de poste et de développement de compétences.
- Quels sont nos objectifs ? Distinguez les objectifs officiels d'une part, et les objectifs de l'équipe ou les objectifs personnels d'autre part, en termes d'acquisition de compétences.

- Quelles sont les valeurs auxquelles nous faisons appel pour réussir ? Variées, elles recouvrent essentiellement l'implication émotionnelle associée à une tâche (qu'est-ce qui nous donne envie ou renforce notre envie de réussir ?) ou la perception de son utilité ou de sa finalité.

Ce partage de vision se fait très souvent lors d'un séminaire de cohésion d'équipe. Il ne doit évidemment pas se limiter à cette période mais être effectué régulièrement.

L'utilité des tableaux de bord

Dans les entreprises, les services sont bardés de toutes parts d'indicateurs et de tableaux de bord, fruits de dizaines d'années d'expérience de la direction par objectifs et du savoir-faire des organisations industrielles. Il est donc inutile de créer de nouveaux indicateurs. En revanche, il est possible d'adopter vis-à-vis d'eux une approche plus vivante.

Pour suivre le chemin initié avec la vision partagée, nous vous suggérons d'utiliser un tableau inspiré du modèle *balanced score card*[1] de Kaplan et Norton. Leur ouvrage[2] a popularisé le tableau de bord dynamique et prospectif, qui décline la performance selon quatre perspectives :

- la perspective financière (comment les actionnaires nous voient-ils ?) ;
- la perspective client (comment les clients nous perçoivent-ils ?) ;
- les processus internes (quels sont nos avantages ? Que devons-nous améliorer ?) ;
- la performance des collaborateurs (comment devons-nous progresser ?).

1. Tableau de bord prospectif.
2. *Le tableau de bord prospectif* (voir bibliographie en fin d'ouvrage).

Vous pouvez adapter ce tableau en utilisant vos outils :

- Comment optimiser notre budget et mieux en tirer parti ?
- Qu'attendent nos clients (au sens large) et en quoi pouvons-nous les aider (voir pratique n° 6) ?
- Comment mieux travailler ensemble ?
- Comment développer nos compétences ?

Pour chacune de ces catégories, fixez-vous de un à trois objectifs de progrès avec votre équipe. Il ne s'agit pas ici de « réalisations », mais plutôt de leviers pour atteindre les objectifs officiels.

Constitution d'un tableau de bord prospectif

Finances • Projets avec écarts • Objectifs « cibles » en termes de budget	**Clients** • Nombre d'échéances respectées • Enquête de satisfaction client
Processus • Nombre de procédures validées • Nombre de projets lancés sans modifications	**Personnel** • Nombre de formations réalisées • Proportion de sujets maîtrisés

L'important n'est pas la qualité des leviers choisis, mais l'exploitation que vous en faites en termes de communication, en groupe, individuellement, et auprès de votre environnement...

Vos collaborateurs doivent avoir les moyens de mesurer leurs progrès. Cela peut paraître évident, pourtant, à la simple question : « Qu'avez-vous appris depuis deux ans (connaissances, savoir-faire et "savoir-être") ? », peu d'entre nous sont capables de répondre immédiatement. Et pourtant, nul doute que nous avons évolué !

Les leçons de l'expérience

Une équipe projet est avant tout une équipe. La force du collectif est de partager un horizon commun, même si chaque « élément » emprunte des voies différentes pour y parvenir. Le chef de projet motive les membres de son équipe en travaillant (et en les faisant travailler) sur leur rôle, leur objectif et le partage de leurs valeurs. Le plus difficile est alors à venir : faire vivre ces engagements collectifs. Le tableau de bord prospectif joue un rôle essentiel dans l'animation d'une équipe.

Trois écueils à éviter

Confondre motivation et énergie

La motivation est la capacité à faire mieux, voire différemment, alors que l'énergie peut être seulement consacrée à refaire toujours la même chose.

Réaliser l'économie d'un séminaire de travail

Une demi-journée suffit pour bâtir une première approche d'une vision partagée. Le retour sur investissement est significatif.

Proposer un tableau de bord des progrès

Pour que les membres de votre équipe se l'approprient, bâtissez-le avec eux.

Trois conseils à méditer

Tentez de connaître la vision de votre responsable pour votre équipe à un an.

C'est le premier pas…

Interrogez votre entourage proche sur vos propres sources de motivation.

Ce miroir est souvent révélateur.

Commencez par un nombre restreint d'indicateurs dans votre tableau.

Mieux vaut en ajouter progressivement plutôt que de s'encombrer d'une usine à gaz, intellectuellement plaisante, mais inutilisable en pratique.

Tableau de bord des progrès

Comptez 1 point pour chaque affirmation avec laquelle vous êtes en accord.

		Points
1	Je considère que le but du tableau de bord est d'abord d'informer, et ensuite de permettre la prise de décision grâce à une analyse des écarts.	......
2	Je tiens compte du découpage des responsabilités de mon équipe pour sa constitution, son suivi, son contrôle et son exploitation.	......
3	Je fais en sorte que mon tableau soit un outil pédagogique.	......
4	Je prévois l'établissement de procédures et de règles connues de tous pour la tenue du tableau.	......
5	Je fais ressortir les écarts par des différences en valeur absolue ou en pourcentage.	......
6	J'analyse non seulement les écarts significatifs, mais aussi les écarts faibles, progressifs et répétitifs.	......
7	Je pense que la qualité essentielle d'un tableau est sa facilité de lecture et d'interprétation.	......
8	Je suis persuadé qu'un tableau de bord peut inclure toutes les données permettant de progresser.	......
9	Chacun de mes collaborateurs doit se sentir concerné par au moins deux indicateurs.	......
10	Je crois qu'il est préférable d'avoir des chiffres approchés immédiatement, plutôt que des chiffres précis avec un peu de retard.	......
	Total	

Tant que vous n'avez pas obtenu au total 10 points, vous n'exploitez pas encore correctement votre tableau de bord des progrès. Au moins, savez-vous comment progresser !

Loi de Torquemada[1]

Si vous êtes sûr d'avoir raison, vous avez un devoir moral d'imposer votre volonté à quiconque est en désaccord avec vous.

1. Grand Inquisiteur d'Espagne au XVe siècle.

PRATIQUE N° 8

Le temps, une notion très relative…

Vos priorités sont clairement définies et partagées par votre équipe. « Les jours sont peut-être égaux pour une horloge, mais pas pour un homme », disait toutefois Marcel Proust. Nous connaissons tous autour de nous des personnes qui ont une conception du temps différente de la nôtre. Ces divergences peuvent s'avérer catastrophiques, tant au sein d'une équipe qu'auprès d'interlocuteurs externes. Il peut donc être utile de connaître la manière dont fonctionnent ses collaborateurs, afin de les « employer » au mieux.

Histoire vécue

Sophie travaille presque « non-stop » de 8 heures à 20 heures, sans compter le temps passé sur les dossiers qu'elle emporte chez elle. À ses yeux, un bon chef de projet doit être exemplaire : premier arrivé, dernier parti.

Reconnue et respectée par sa hiérarchie, Sophie s'est toutefois vu récemment reprocher son productivisme : « Prenez un peu de recul, profitez de vos RTT ! Vous allez brûler votre énergie à ce rythme », l'a même prévenue son responsable. Cependant Sophie ne comprend pas ce langage. « C'est facile pour lui de dire cela, se dit-elle. Il a l'art et la manière de me transférer ses tâches. Résultat : je suis surchargée, tandis que lui travaille plus tranquillement. Moi, je ne peux pas déléguer aussi facilement mon travail au sein de l'équipe. Mes collaborateurs n'ont pas suffisamment de rigueur. »

Elle se remémore la discussion qu'elle a eue avec eux à son arrivée : « Ce n'est pas compliqué, il me faut votre reporting sur vos réalisations hebdomadaires pour le lundi à 11 heures. Vous pouvez le faire le vendredi après-midi ou le lundi matin, mais pas plus tard, car je veux en réaliser la synthèse le lundi après-midi. »

Pourtant, depuis un an qu'elle anime son équipe projet, seul Sébastien lui envoie sa synthèse à temps, et encore, le document est incomplet ! Julie lui communique la sienne à 14 heures, Andréa la termine vers 17 heures (après au moins cinq rappels par e-mail ou téléphone). Leïla de son côté, trouve toujours une bonne raison pour la lui adresser vers 19 h 30 le lundi soir (quand elle ne l'envoie pas par e-mail à 2 heures du matin !).

Dans ces conditions, Sophie termine presque toutes les semaines son rapport le soir, voire à l'aube chez elle le lendemain matin. Elle a beau multiplier les réunions sur ce thème, valoriser l'importance du sujet, utiliser la carotte et le bâton… rien n'y fait.

Ses collaborateurs lui resservent régulièrement les arguments suivants :

- « Le reporting est utilisé seulement lors de leur réunion du mercredi. » ;
- « Il fait double emploi avec les comptes rendus de réunion. » ;
- « De toute façon, personne ne le lit ! » ;
- « Nous n'avons jamais de retour sur cette synthèse. » ;
- « Une semaine sur deux, cela suffit ! Surtout quand il ne se passe rien… » ;
- etc.

Sophie reconnaît le bien-fondé de certains arguments. Pourtant, elle estime qu'elle doit maintenir la pression : « Il s'agit d'une question d'autorité. Si je leur cède, ils me demanderont de faire un compte rendu toutes les trois semaines, puis quatre… Il y va aussi de notre image. Nous sommes la seule équipe projet à effectuer un reporting hebdomadaire complet. » De plus, contrairement à certains de ses collègues qui rendent un document succinct tenant sur une feuille, Sophie réalise six pages comprenant force schémas et indicateurs de son cru pour montrer l'avancée de son projet.

La goutte d'eau qui fait déborder le vase est provoquée par Andréa, qui ne peut rendre à temps son rapport (c'est-à-dire aussi tard que d'habitude). À sa grande honte, Sophie doit décaler la remise du reporting au mercredi matin, soit deux heures avant la réunion du comité de pilotage.

L'explication avec la retardataire est orageuse. Andréa argue qu'elle a été débordée : des impératifs de dernière minute l'ont obligée à faire des choix : « Je n'allais pas bloquer le travail de cinq personnes pour deux heures de retard, alors que le comité n'a besoin de la synthèse que le mercredi ! » Soumise à un interrogatoire serré sur son agenda, elle reconnaît avoir exécuté des tâches diverses peu importantes le vendredi et le lundi matin, ce qui explique qu'elle a été prise au dépourvu par une urgence survenue à 10 heures ce même lundi.

Sophie a du mal à lui faire intégrer ce qu'elle lui dit pourtant régulièrement : « Anticipe, profite des périodes plus calmes pour t'avancer. » Andréa acquiesce toujours, puis reproduit inlassablement le même schéma. Sophie a déjà constaté de nombreuses fois, et pas seulement pour le reporting, qu'Andréa travaille toujours à la dernière minute dans l'urgence et compense ce fait par des horaires élastiques. Cette approche aux antipodes de la sienne met Sophie hors d'elle. Elle a tout essayé : cadrer son activité, la féliciter, la menacer... « Tu es trop parfaite, tu ne peux exiger des autres le même soin du détail », lui répond systématiquement Andréa.

La situation de Leïla est différente. Celle-ci est organisée et anticipe les événements. Dans le cas présent, elle a bien débuté son compte rendu le vendredi soir. Seulement, elle a été sans arrêt interrompue par des demandes variées. Comme elle est d'une nature serviable, elle a pris du retard. « Comment lui apprendre à dire non ? se demande Sophie. J'en arrive à ne pas en vouloir à Sébastien qui, lui au moins, me retourne son reporting en temps et en heure. Bien sûr, son document n'est pas complet, mais il y a le principal. »

Il faut dire qu'à la décharge de Sébastien, celui-ci envoie son compte rendu sur le modèle de nombre de ses collègues d'autres équipes : une vingtaine de lignes, avec en annexe les chiffres clés et les documents détaillés. Cette formule n'est pas forcément du goût de Sophie, d'où un débat permanent. « Pourquoi devons-nous fournir trois fois plus de travail que les autres ? Faisons simple ! » s'étonne Sébastien, ce à quoi Sophie rétorque : « Nous ne sommes pas les autres ! » Elle est un peu à court d'arguments avec ce petit malin de Sébastien, qui fait toujours « au plus juste » et « au plus vite ». Il n'y a rien à dire sur l'objectif final, mais son comportement frise l'irrespect pour la chef de projet.

Quant à Julie, son cas fait pitié à Sophie. Julie passe une grande partie de son vendredi à faire le reporting. Elle a des horaires aussi larges que sa responsable et ne ménage pas son temps. Pourtant, le résultat n'est pas à la hauteur de ses efforts : son travail est loin d'être parfait. La dernière fois, Sophie a même dû le reprendre avec elle. « J'ai pourtant travaillé six heures dessus ! » se lamentait Julie.

« Qu'ai-je fait pour avoir des collaborateurs aussi différents les uns des autres ? » s'interroge Sophie. Elle a même organisé un séminaire pour leur expliquer sa méthode : pour réussir, il faut se différencier, travailler mieux que les autres, être impeccable et se donner un haut niveau de qualité. Seule celle-ci paie. Il ne faut donc pas rechigner sur ses heures...

« Tu aurais dû travailler dans les années cinquante avec mon grand-père, la raille parfois Sébastien. Maintenant, il faut aller vite et faire simple. »

Dans ces cas-là, Julie prend sa défense, mais elle n'est pas crédible aux yeux de ses collègues. Leïla, pour sa part, est partagée : « La qualité est récompensée, oui bien sûr, mais pas seulement la qualité de la production : il faut y ajouter celle du service. La gestion en mode projet, c'est l'entraide : il faut savoir perdre du temps pour aider les autres. À terme, cela paye. »

Sébastien ricane : « Oui, oui, à terme, ils te licencient ou te donnent plus de travail ! »

Quant à Andréa, elle est en guerre ouverte avec la pendule. Elle n'est jamais aussi efficace que lors des coups de feu, dans une course contre la montre. « Elle aurait dû être pompier », se dit Sophie.

Pendant ce temps-là, le besoin reste entier : Sophie n'obtient pas son reporting à l'heure...

Les questions-clés

Sophie gère une équipe hétérogène. Sa grande difficulté est qu'elle a un niveau d'exigence plus élevé que celui de ses collaborateurs. Elle a donc du mal à obtenir ce qu'elle veut, ce qui se traduit par des colères et des menaces de sa part... sans résultats. Pourtant, les membres de son équipe l'apprécient et cherchent à faire du mieux qu'ils peuvent, mais cela ne semble pas suffire.

En fait, Sophie, comme nombre d'entre nous, regarde le monde à travers sa conception de la tâche. Et si nous n'avions pas tous le même regard...

- ? Existe-t-il une méthode pour analyser ces regards ?
- ? Comment réagir face à des regards différents et surtout, comment inciter l'autre à modifier sa vision ?

Nos petites voix

Dans les années soixante-dix, le psychologue américain Taibi Kahler a conclu que nous enracinons en nous, très jeunes, des « messages contraignants » qui nous font agir d'une certaine manière. Ces réflexes, dont nous ne sommes pas conscients, jouent le rôle de « petites voix » qui nous guident dans nos actions.

Taibi Kahler a identifié cinq messages contraignants. Tous sont présents chez chacun de nous, mais certains sont dominants (un ou deux) et d'autres très faibles. Découvrez grâce aux signes décrits ci-dessous la voix qui vous domine.

« Sois parfait »

Vous avez besoin d'atteindre la perfection, ce qui vous amène à tout contrôler. Votre sens du détail peut vous conduire à perdre le contact avec la réalité. Vous n'aimez guère déléguer, surtout si vos collaborateurs n'ont pas le même sens de la précision que vous. Il arrive aussi que vous vous fixiez des contraintes très au-dessus de la norme.

Peut-être reconnaissez-vous Sophie dans ce portrait ? Son succès professionnel vient sûrement de la qualité de son travail. Toutefois, le revers de la médaille a été évoqué par son responsable : elle fait preuve de productivisme et d'un manque de recul. Ce comportement pourrait être un frein à sa progression dans la hiérarchie : plus elle « monte », plus elle doit déléguer et faire confiance. Or déléguer n'est pas le point fort du « sois parfait ».

« Sois fort » (ou « ne montre rien »)

Vous souhaitez vous débrouiller seul et ne montrez aucune faiblesse. Parfois très réservé, vous ne vous donnez pas le droit à l'erreur. Sous un autre angle, comme vous devez y arriver seul coûte que coûte, vous êtes capable de trouver des solutions innovantes.

Sébastien semble être aux prises avec cette voix : il travaille rapidement et rend le document dans les temps, sans suivre cependant à la lettre les consignes de Sophie. La rencontre est alors explosive avec le « sois parfait », les deux conceptions s'opposant.

« Dépêche-toi »

Vous adorez les contraintes de dernière minute et la précipitation. Dans une période de calme, vous traînez, recommencez dix fois le travail, pour finalement le réaliser à la dernière minute en catastrophe (sans forcément le bâcler). Vous adorez la pression et la bousculade. En revanche, il ne faut pas vous confier un travail répétitif et structuré !

Andréa en est un bon exemple. Malheureusement pour elle, des urgences de dernière minute ont bouleversé son planning. Elle a réussi à rendre le document à temps pour la réunion, mais pas pour Sophie.

« Fais plaisir »

Vous avez besoin d'être aimé et reconnu. Très souvent sollicité par des demandes sans rapport avec vos objectifs, vous vous retrouvez vite débordé.

Leïla avait ainsi débuté la rédaction de son reporting très tôt. Néanmoins, elle n'a pas su refuser son aide aux autres et s'est vite retrouvée dépassée par les demandes. Elle n'a parlé à personne de sa charge de travail, pas même à Sophie.

« Fais effort »

Selon vous, seule la quantité compte. Vous concevez la vie comme difficile. Toutefois, vous confondez quantité et qualité. Rappelez-vous quand vous passiez des examens : « J'ai échoué et pourtant j'ai passé dix-huit heures sur ce sujet. » Vous travaillez beaucoup en songeant que vos efforts finiront par payer. Peut-être…

Julie et ses six heures d'effort en sont un bon exemple. Comment s'organise-t-elle ? Qu'a-t-elle réellement fait de son temps ?

Nous sommes tous soumis à ces cinq messages contraignants, mais à des degrés différents. Le comble est qu'il arrive que nos deux voix dominantes soient antinomiques (« sois parfait » et « fais plaisir » par exemple) : un choc en termes de gestion des priorités est à prévoir !

S'il est capital de repérer nos messages prépondérants, il est aussi intéressant de noter ceux qui sont les plus faibles.

Quelle attitude adopter ?

Tentez d'identifier les voix qui gouvernent vos collaborateurs, elles vous indiqueront quelles tâches leur confier. Par ailleurs, vous ne changerez pas fondamentalement ceux qui vous entourent, mais peut-être pourrez-vous les faire évoluer...

Avec le collaborateur « sois parfait »

Il peut se concentrer sur des tâches importantes qui nécessitent de la minutie. Attachez-vous à connaître son cadre de référence (niveau d'exigence demandé), pour vérifier qu'il ne place pas la barre trop haut. Vous pouvez le canaliser sur de nouvelles actions qui demandent de la rigueur.

Le responsable de Sophie peut l'aider à évoluer en lui faisant modifier son image de la perfection. « Sophie, je suis débordé ! peut-il lui dire. À propos du reporting hebdomadaire, l'idéal pour moi serait un document simple et synthétique qui tienne sur une page. Par ailleurs, quand tu me le fournis trop tôt, je le perds dans mes papiers. Deux heures avant la réunion, ce serait parfait ! »

Avec le collaborateur « sois fort »

La difficulté est qu'il ne fait pas confiance. Vous pouvez néanmoins le pousser à travailler avec d'autres personnes, car il peut se révéler un excellent tuteur, dans la mesure où, ne se sentant pas en compétition, il se détend enfin. L'essentiel est de valoriser à ses yeux les bienfaits de la communication émotionnelle et de la tolérance.

Sophie peut demander à Sébastien d'aider Julie : « Tu es rapide pour arriver aux résultats. Bravo ! Je souhaite que tu aides Julie afin qu'elle comprenne pourquoi elle n'y arrive pas. Je suis sûr que tu peux lui être utile. » Le mélange peut être explosif, mais les deux ont à y gagner.

Avec le collaborateur « dépêche-toi »

Il aime se stresser, mais stresse aussi les autres par ce biais. Vous pouvez le conduire à mieux gérer son temps en lui fixant des priorités avec un planning et un contrôle. C'est le meilleur moyen de lui faire prendre conscience qu'il peut réaliser les mêmes tâches plus calmement.

Sophie peut ainsi proposer à Andréa : « Voici ce que j'attends de toi : le lundi à midi, je veux la trame de ton reporting. Je te le rends mardi matin, après arbitrage. Une heure après, tu me transmets le texte. Bloque ton créneau ! Je te demande de transférer ta ligne téléphonique chez Leïla durant cette période. Enfin, tu finaliseras le reporting mardi soir à 18 heures. Je donne à tout le monde comme consigne de t'envoyer les informations à cette heure-là. »

Avec le collaborateur « fais plaisir »

Il faut lui rappeler de ne pas s'oublier : il y a un juste milieu entre ne penser qu'à soi et ne penser qu'à aider les autres. Dites-lui qu'il n'est pas obligé de se précipiter au secours de quelqu'un qui ne lui demande rien, c'est la première étape. Une deuxième étape pourrait être d'apprendre à dire non (voir pratique n° 5). Enfin, montrez-lui que de nombreuses personnes sont appréciées par tous, alors qu'elles ne s'empressent pas d'aider leurs collaborateurs.

Sophie peut rappeler à Leïla : « Si nous regardons le travail que tu as fourni pour d'autres, nous constatons qu'il s'agit de tâches majoritairement en dehors de ton domaine. Les personnes concernées n'ont pas de délai impératif comme toi. Rappelle-toi l'histoire du poisson. Tu peux donner un poisson tous les jours à quelqu'un, il t'en demandera un tous les jours. Tu peux aussi lui fournir un filet. Il pourra se nourrir tous les jours tout seul et t'en sera reconnaissant… »

Avec le collaborateur « fais effort »

Il se justifie par la quantité de travail qu'il produit. Il refait toujours les choses de la même manière, oubliant souvent les résultats. Si un chiffre ou une approximation lui sont demandés, il fournit une encyclopédie complète. Par ailleurs, il estime toujours que le travail qu'il doit effectuer est compliqué.

Sophie peut suggérer à Julie : « En travaillant avec Sébastien, tu prendras conscience qu'il y a plusieurs chemins pour arriver à un résultat. Le plus important est de l'atteindre en y trouvant du plaisir. »

Les leçons de l'expérience

Les meilleures méthodes de gestion et de planification se brisent sur le facteur humain. Apprenez donc à composer avec. Reconnaissez d'abord vos propres messages contraignants avant de vous préoccuper de ceux de vos interlocuteurs. Vous ne les changerez pas radicalement, mais vous pourrez les employer à bon escient (le « sois parfait » pour les travaux minutieux, le « dépêche-toi » en situation d'urgence) et leur permettre ainsi d'évoluer.

Trois écueils à éviter

« On est comme on est. »
Nous pouvons évoluer... si nous en voyons l'intérêt.

« Ils n'ont qu'à être tous comme moi ! »
Cette attitude fonctionne dans un environnement de travail très structuré, avec des tâches régulières : tout le contraire du mode projet...

« Je n'ai pas le temps ! »
Vous en perdrez encore plus à le nier (un parfait exemple de « fais effort »).

Trois conseils à méditer

Il n'y a pas de bons ou de mauvais messages contraignants.
L'essentiel est leur emploi dans de bonnes circonstances.

Organisez votre équipe en prenant les voix dominantes de chacun en compte.
Pour compenser un message, faites travailler vos collaborateurs à deux ou trois sur une même tâche.

Valorisez les progrès.
Reconnaissez les efforts de chacun.

Matrice de repérage des messages contraignants

Message contraignant	Expressions utilisées	Attitude	Quelques phrases pour le faire évoluer
Sois parfait	Des expressions qui nuancent, mais sans valeur pour la compréhension : certainement, probablement, peut-être…	Raide, bien droit	Tu as le droit à l'erreur. Tu n'as pas besoin de tout savoir.
Sois fort	Des mots qui mettent une distance entre la personne et ses sentiments : « On ne se sent pas bien », « C'est son attitude qui me gêne »…	Peu de gestes, très contrôlés	Tu peux compter sur moi et sur le reste de l'équipe. Nous comprenons que tu sois content (ou que tu ne le sois pas).
Dépêche-toi	Des mots qui traduisent la précipitation : vite, plus tard, tout de suite, urgent…	Agité, bouge sans arrêt	Marche plus lentement. Réserve-toi du temps pour les travaux dont la durée est incompressible.
Fais plaisir	Des phrases « positives mais négatives » : « Je suis d'accord pour le faire, mais je ne sais pas si j'y arriverai. »	Plutôt ramassé, les épaules voûtées	Accepte que tu ne puisses pas plaire à tout le monde. Exprime ce qui est important pour toi.
Fais effort	Des mots qui évoquent l'effort : essayer, difficile, il faut…	Tendu vers l'avant, un peu penché	Que peux-tu simplifier ? Détends-toi.

Loi de Murphy[1]

Chaque chose prend toujours plus de temps qu'on ne le prévoyait au départ.

1. Le capitaine Edward Murphy, de l'US Air Force, énonça une loi de ce genre en 1949, à propos de son assistant : « Si ce type a la moindre occasion de faire une erreur, il la fera ». Depuis, de très nombreuses lois de ce style furent écrites et sont toutes appelées « loi de Murphy ». Ces lois mêlent la boutade et l'expérience statistique empirique.

PRATIQUE N° 9

Pour des réunions constructives

Vous avez repéré vos messages prédominants, ainsi que ceux de vos collaborateurs et savez en tirer parti. Attaquons-nous maintenant à l'une des activités favorites en mode projet : les réunions. Depuis plus de dix ans, toutes les entreprises ont mis en place des programmes de formation à l'animation des réunions. Or nous constatons que, malgré ces bases théoriques, elles abritent conflits de pouvoir et débats hors sujet. Il est pourtant possible d'animer des réunions qui respectent les horaires définis et soient productives.

Histoire vécue

Stéphane est chef de projet dans une SSII. Les réunions, il connaît : avec ses collaborateurs ou avec les clients, il passe plus de temps dans des salles de réunion que dans son bureau.

Ayant suivi de nombreuses formations sur le sujet, il sait aujourd'hui les préparer et les mener à bien. Il a pu, avec le temps, peaufiner son savoir-faire. Il organise avec précision l'ordre du jour et vérifie toujours la présence de chacun des participants en amont.

Il est d'ailleurs réputé pour sa gestion du temps, sa capacité à garder le fil de la discussion et à favoriser la prise de décision. Il a appris à gérer les perturbateurs (comme les retardataires) et les classiques causes de dérangement (appels téléphoniques, sujets en dehors de l'ordre du jour...). Il a étudié l'art de rédiger les comptes rendus en cours de réunion. Un de ses collaborateurs s'en charge, et sauf contraintes exceptionnelles, le compte rendu est adressé par e-mail aux participants dans les deux heures qui suivent la séance.

Pas de doute, Stéphane est un « as » de la réunion.

Son secret ? Il avoue avoir beaucoup appris lorsque ses fonctions le conduisaient à circuler en Europe et à participer à des réunions dans différents pays. Il a même dressé une liste comparative des pratiques rencontrées.

En Allemagne, les réunions commencent et se terminent à l'heure. L'ordre du jour est clair. Mais attention ! Rien ne peut le faire changer. Et comme il est prêt au moins une semaine auparavant...

En Italie, personne ne sait qu'il y a une réunion, ni si une salle est libre, ni si les participants potentiels sont disponibles, mais on trouve une salle, les gens arrivent de droite de gauche, la discussion a lieu et les décisions sont prises.

En Angleterre, il n'y a rien d'écrit, mais toutes les personnes concernées savent où a lieu la réunion, et connaissent l'ordre du jour et le timing.

En France, une salle est prévue, et un ordre du jour précis est fait pour ne pas être respecté. L'essentiel du débat porte sur le premier point et les questions diverses. La réunion débute quand le plus haut gradé parmi les participants veut bien arriver – Où sont Louis XIV et son expression : « l'exactitude est la politesse des rois » ? Elle se termine quand il s'en va (en tout cas bien après l'heure prévue)...

Derrière cette façade comique, Stéphane reconnaît avoir beaucoup travaillé son art de la réunion :

- il a mis en œuvre les mille et une ficelles apprises lors de séminaires ou dans des livres ;
- il a observé et retenu les meilleures « techniques » de ceux qui animent des réunions réussies ;
- il connaît sur le bout des doigts la structuration du temps et sait alterner les périodes d'activité et les passe-temps, le rituel et le retrait.

Bref, Stéphane est un exemple. Toutefois, il n'est pas satisfait, il se décrit comme un borgne au milieu d'aveugles. Il estime qu'il a encore des choses à apprendre, mais ne sait comment y parvenir.

Son talon d'Achille ? Les guerres souterraines qui se déroulent dans ses réunions ; des guerres qui opposent les clients entre eux, ses collègues et les clients, et ses collègues entre eux ; des guerres non déclarées, non prévisibles (quoique...). Elles minent le déroulement de la réunion : les participants semblent consentants tout au long de la séance pour finalement dire non au moment de la prise de décision.

Stéphane anime aujourd'hui une réunion interne. Il s'agit de faire le point sur un chantier en cours. Ce dernier est en retard, autant par la faute du client qui change souvent d'idée, que par celle de l'équipe projet, guère motivée par ces brusques revirements (« Après un ordre, il est urgent d'attendre le contrordre... »).

Le but de la rencontre est de préparer une entrevue avec le client le lundi suivant. Habitué à ces réunions de crise, Stéphane l'a placée à 17 h 30 : « Comme certains ont des activités ce jeudi soir, ils ne feront pas traîner les débats... » La séance commence à peu près à l'heure.

Compte tenu du climat de tension dans l'équipe, Stéphane décide d'être très factuel (il n'est pas question de s'attarder sur les états d'âme de chacun). Il commence par faire le point sur la situation : où en sommes-nous par rapport au planning, que reste-t-il à réaliser, etc.

Son ordre du jour prévoit la recherche de solutions permettant de rattraper à terme le retard prévu. Son exposé se déroule dans un grand silence. Une fois qu'il a terminé, il fait un tour de table pour recueillir des commentaires avant d'aborder les issues possibles.

Et la « guéguerre » commence : deux de ses collaborateurs rejettent la faute sur le client et rappellent la longue liste des modifications déjà effectuées par rapport au projet initial, avant de se cloîtrer dans le silence. Un autre rapporte l'appel qu'il a reçu dans l'après-midi (le client lui a annoncé un nouveau changement), puis se dispute avec sa voisine qui lui a emprunté un dossier et l'a oublié chez elle. Celle-ci, piquée au vif, lui répond que cela n'a pas d'importance puisque ce fameux dossier est inutilisable vu qu'il n'est pas à jour. Elle ajoute qu'il suffit de toute façon d'attendre lundi pour connaître le prochain changement.

Les trois derniers participants viennent au secours de Stéphane et proposent des solutions : prolonger le délai ou augmenter les moyens humains en interne (ce qui est impossible à cause du budget). Ils suggèrent surtout des actions plus concrètes à la charge de personnes présentes. Immédiatement, celles-ci montent au créneau et renvoient la balle à leurs collègues.

Stéphane a fort à faire pour « tenir » la réunion et obtenir un résultat. Lentement, il parvient à avancer sur ce champ de bataille, jusqu'au moment où deux des protagonistes quittent la salle... pour raisons familiales (des enfants à récupérer).

La réunion se termine peu après, avec un constat en demi-teinte (quelques mesures sont prises, mais aucun plan d'action véritable n'a été proposé).

Stéphane, un peu déstabilisé, se dit qu'il va en bâtir un le lendemain et le vendre en tête-à-tête aux membres de son équipe : « Quelle bande d'enfants ! Pourquoi ne peut-on pas travailler plus factuellement (à défaut de plus sereinement) ? Ce sont des informaticiens (et de bons !), ils devraient être rationnels et garder la tête froide. Au lieu de cela, ils adorent transformer la réunion en marché aux poissons ! »

Les questions-clés

Stéphane a bien assimilé les bases de l'animation de réunions. Cette étape nécessaire n'est pas toujours suffisante. En réunion, et plus largement lors de tout entretien, les émotions (c'est-à-dire le côté humain de la relation) jouent un rôle important.

- ? Quelles sont les règles de base pour animer correctement une réunion ?
- ? Comment gérer les aspects humains dans une telle situation ?
- ? Comment séparer au mieux les faits des émotions ?

Animer une réunion : le b.a.-ba

Lorsque vous animez une réunion, trois fonctions vous incombent : conduire les participants à produire un résultat, leur faciliter la tâche et réguler leurs interventions.

Une fonction de production

À la fin d'une réunion, vous devez atteindre l'objectif fixé. Votre fonction consiste donc à bien faire « démarrer » le groupe pour parvenir à un résultat concret.

En amont de la réunion, vérifiez que vous connaissez parfaitement son objectif, que l'ordre du jour le précise et que vous avez défini clairement le rôle de chaque participant, vous y compris.

Au début de la séance, rappelez son thème, les objectifs visés, la « procédure » (méthodes et durée). Assurez-vous des attentes des participants, et veillez en particulier à ce qu'ils aient conscience de l'utilité pour eux des sujets abordés.

Après la réunion, distribuez rapidement le compte rendu de la séance aux personnes présentes et à celles qui n'ont pu se libérer.

Une fonction de facilitation

Vous devez permettre au groupe de progresser en maintenant la discussion dans le cadre défini. Ici intervient la partie « émotionnelle » de la réunion : observez le langage non verbal ; appréciez les attitudes rituelles, les passe-temps ; incitez les participants à parler, à lever les incompréhensions...

Cette facilitation peut être favorisée :

- soit par un rituel qui sécurise les participants : début de la séance à l'heure, déroulement identique, périodicité connue (par exemple, le mardi à 10 heures tous les 15 jours), durée égale, etc. ;
- soit au contraire par des formes variées qui évitent la monotonie : réunion descendante[1] ou ascendante[2], sujets divers, motif exceptionnel (pour fêter un succès par exemple), invités extérieurs au groupe, etc.

Une fonction de régulation

Assurez-vous que chacune des personnes présentes participe. C'est votre rôle de gérer la communication dans le but de la faciliter. Donnez à chaque participant la possibilité de s'exprimer, organisez des tours de table, présentez régulièrement des synthèses, proposez des moments de « décompression » en cas de tension, etc.

---

1. Transmission d'information à l'auditoire.
2. Remontée d'informations par l'auditoire.

Gérer les aspects émotionnels d'une réunion

Les cinq phases de la vie d'un groupe

Lors d'une réunion, un groupe – qu'il soit nouvellement constitué ou composé d'« habitués » – passe généralement par cinq phases, de durée plus ou moins longue. Voici leurs caractéristiques et le rôle que vous aurez à jouer en tant qu'animateur de la réunion pour la mener à bien.

1. Durant la phase de dépendance, le groupe a besoin d'être informé et orienté sur l'objectif à atteindre. En ouverture de la réunion, chacun écoute Stéphane…

   Votre rôle : être clair sur les objectifs visés et les bénéfices pour chacun des décisions à prendre.

2. Durant la phase de contestation, les participants font le rapport entre leurs attentes personnelles, leurs sentiments et les objectifs demandés au groupe. Ils peuvent avoir l'impression que leurs besoins ne sont pas pris en compte (c'est la principale cause de dérapage des réunions). Cela ne signifie pas pour autant qu'il faille systématiquement répondre à ces besoins. Cette phase d'ajustement se traduit par des attitudes agressives ou de retrait.

   Stéphane, qui a voulu entrer trop vite dans l'action, a négligé cette phase. Il a finalement perdu beaucoup de temps.

   Votre rôle : considérer cette phase comme normale, distinguer ce que vous pouvez traiter lors de la réunion du reste, montrer que vous prenez note des émotions suscitées.

3. Durant la phase de participation, le groupe, ayant exprimé ses attentes, peut être réellement actif. Stéphane a d'ailleurs fort à faire pour gérer les propositions d'actions des participants.

   Votre rôle : créer un consensus autour des moyens d'atteindre les objectifs.

4. Durant la phase de responsabilisation, le groupe décide. Faute d'une bonne prise en compte des émotions, Stéphane passe à côté de cette étape : aucune décision n'est prise en commun.

   Votre rôle : assurer la gestion des conflits liés aux prises de décisions.

5. Durant la phase d'action, les participants s'autonomisent pour exécuter les décisions. Réfléchissant à la manière dont ils vont accomplir leur part du travail, ils sont déjà mentalement dans l'« après-réunion ». C'est le cas de Stéphane qui se prépare déjà à aller voir séparément chacun des membres de son équipe.

   Votre rôle : vous assurer du « qui fait quoi » et de la cohérence des plannings et des modes d'exécution des décisions.

Prendre en compte les comportements individuels

Il vous faut également considérer les personnalités au sein du groupe. Dans toute réunion, le phénomène central est le désir de pouvoir. Il s'exprime sous des formes directes (attitude autoritaire, d'opposition, de manipulation, de soutien…) ou indirectes (retrait, comportement ludique…).

Faites en sorte que chaque participant sente que vous le prenez en compte et comprenne à la fois le respect qu'il doit avoir pour le reste du groupe.

Le tableau suivant regroupe quelques conseils, selon le type de personnalité auquel vous êtes confronté.

Personnalité	Comment réagir ?
Le bavard	Résumer ses propos Lui rappeler la durée prévue pour la réunion
Le leader positif	S'en faire un allié
Le silencieux supposé positif	Le pousser à participer
Le leader négatif	L'écouter Souligner qu'il s'agit d'une opinion
Le silencieux supposé négatif	Le questionner Le recentrer

Gérer les phénomènes de groupe

« Je suis une bande à moi tout seul », chantait Renaud. Le groupe, indépendamment des personnalités qui le composent, a aussi son propre « caractère ».

Si...	Vous pouvez...
Le groupe dévie du sujet	Le lui rappeler Faire un résumé du hors sujet pour clore le débat Prendre note de ce qu'il dit Souligner l'absence de lien avec la réunion
Des discussions s'instaurent dans le groupe	Vous taire en regardant le groupe Donner de la voix avec humour Généraliser la discussion (si l'aparté est intéressant)
Le groupe « boude » (ne veut plus participer)	Éviter toute agressivité Revendre l'intérêt du sujet Effectuer une pause et à la reprise, changer de discussion
Le groupe se ligue contre vous ou conteste l'intérêt de la réunion	Éviter toute agressivité Ne pas chercher à convaincre Effectuer une pause Analyser les positions individuelles Si le problème est profond, arrêter la réunion

Séparer les faits des émotions

Nous échangeons au niveau rationnel et au niveau émotionnel. Quelqu'un qui se trouve sur un plan rationnel ne comprend pas toujours l'émotion ressentie par son interlocuteur.

En pratique, dans la réunion de Stéphane comme dans nombre de réunions, les faits et les émotions sont étroitement mêlés. En conséquence, tout le monde parle et personne n'écoute !

Nous vous proposons une méthode pour remédier à cette situation. Imaginons que selon le niveau auquel nous nous trouvons, nous portions des lunettes de couleur[1].

1. Cette méthode est basée sur la méthode Herrmann (*cf. Développez votre intelligence relationnelle* de Dominique Chalvin. Il existe une approche similaire avec six couleurs (*cf.* l'ouvrage d'Edward de Bono *Les six chapeaux de la réflexion* [voir bibliographie en fin d'ouvrage]).

Distinguons quatre sous-niveaux :

- au niveau rationnel :
  - l'atteinte de l'objectif sous un angle factuel → lunettes vertes ;
  - le respect des règles et des procédures (horaires, contraintes…) → lunettes bleues ;
- au niveau émotionnel :
  - la créativité → lunettes jaunes ;
  - l'aspect « humain » de la relation, les émotions → lunettes rouges.

Lors d'une réunion, les participants chaussent ces lunettes les unes après les autres, mais ils ne choisissent pas toujours la même couleur au même moment. Pour garantir l'efficacité de la communication, il est impératif que tous les participants portent des lunettes de la même couleur en même temps. Peu importe alors l'ordre des couleurs…

Prenons l'exemple de la réunion de Stéphane.

Sujet	Couleur des lunettes
Stéphane rappelle les « règles » de la réunion (durée, thème, objectifs, procédures).	Bleu
Stéphane précise l'objectif de la réunion et le rétro-planning.	Vert
Stéphane libère les émotions en demandant à chacun ce qui ne va pas (sans justification), puis ce qui semble aller bien.	Rouge
Stéphane demande quels sont les objectifs pour la réunion avec le client le lundi suivant.	Vert
Stéphane fait appel à la créativité de chacun pour trouver des solutions.	Jaune
Les solutions proposées sont passées au travers du tamis des règles et des procédures (contrat, moyens disponibles).	Bleu
Les hypothèses retenues constituent la base du plan d'action qui sera présenté au client.	Vert

Si la réunion avait été plus sereine (pas de retard particulier par exemple), l'ordre des séquences aurait pu être différent, et l'issue de la séance plus intéressante. Ainsi, après le rappel des règles (lunettes bleues) et de l'objectif (lunettes vertes), les participants à la réunion auraient pu émettre des propositions créatives (lunettes jaunes). Stéphane aurait ensuite pu prendre en compte l'aspect humain (lunettes rouges) en demandant à chacun ce qui va et ce qui ne va pas, avant de valider les actions proposées (lunettes bleues). Il aurait conclu en finalisant le plan d'actions (lunettes vertes).

Comment mettre en œuvre une telle méthode ? Voici quelques précisions qui peuvent vous être utiles :

- expliquez aux participants de la réunion que vous allez utiliser cette méthode : dites-leur que vous disposez de quatre couleurs de lunettes (donnez alors leur signification) et que le but est de revêtir tous ensemble des lunettes de la même couleur ;
- choisissez un ordre adapté au sujet. Commencez de préférence par les lunettes bleues pour fixer les règles du jeu (objectifs, durée...), puis, selon les sujets, enchaînez sur les faits (lunettes rouges) ou sur l'expression des émotions (lunettes vertes) ;
- une fois qu'un angle de vue du sujet est terminé, changez de lunettes. Faites-le en prévenant le groupe et en lui demandant son accord : « Nous allons maintenant passer aux cinq points à aborder avec notre client. Tout le monde est d'accord ? Je vous propose de troquer nos lunettes vertes pour des jaunes : nous recherchons des solutions à leur proposer. » ;
- ne mélangez pas les couleurs de lunettes. Imaginons qu'après avoir libéré ses émotions (lunettes vertes), le groupe remette des lunettes rouges. N'acceptez pas par la suite de nouvelles émotions sans l'accord du groupe ;
- enfin, lorsque vous décidez de porter les lunettes vertes, encouragez les participants à exprimer leurs émotions (positives ou négatives) sans qu'ils aient à les justifier. Ils seront plus sincères et éviteront ainsi de voir leurs émotions « s'enraciner ».
- En séparant au cours d'une réunion ces différents niveaux, vous gagnerez 30 à 40 % du temps habituel. Difficile à croire ? Faites l'essai !

Les leçons de l'expérience

L'organisation de réunions efficaces est à la fois affaire de technique et de relation humaine. 50 % du succès d'une réunion vient de sa préparation (production). La facilitation est importante à prendre en compte lors des cinq phases par lesquelles passent les participants à une réunion (dépendance, contestation, participation, responsabilisation, action). Enfin, la régulation soulève la question du mélange dangereux des faits et des émotions. Ces aspects peuvent être bien différenciés grâce à la méthode proposée, qui permet de gagner du temps.

Trois écueils à éviter

« Personne ne fait comme cela ! »
Tout le monde est conscient des pertes de temps dans les réunions. Une méthode différente et efficace vous fera remarquer.

Utiliser son pouvoir (hiérarchique) pour avancer
Vous atteindrez… seul l'objectif de votre réunion. Il vous faudra ensuite travailler avec chacun des participants.

« On ne montre pas ses émotions. »
D'une part, votre attitude les révèle ; d'autre part, le fait de montrer ses émotions est plus souvent perçu aujourd'hui comme une force que comme une faiblesse.

Trois conseils à méditer

Vendez votre enthousiasme dans votre ordre du jour.
Un ordre du jour avec quelques phrases « dynamiques » lancera la réunion sur la voie du succès.

Remerciez les participants.
Valorisez leurs suggestions et leurs idées, la reconnaissance est une valeur clef.

Distinguez bien votre rôle d'animateur de votre propre avis.
Soyez clair dans vos interventions, et notamment lors des synthèses, en précisant si vous parlez au nom du groupe ou en votre nom propre.

Fiche de préparation et compte rendu

PRÉPARATION DE LA RÉUNION DU	
Objectifs	Trois objectifs exprimés en début de phrase par un verbe à l'infinitif, synonyme d'action (accomplir, changer, commercialiser, planifier, produire…)
Résultats attendus	Un ou deux résultats exprimés par un substantif (par exemple : identification des écarts entre prévu et réalisé et définition des actions correctrices)
Participants	Liste des participants (avec leur fonction et leur lieu de provenance si les gens ne se connaissent pas)
Lieu **Horaires**	Adresse du lieu, étage et numéro de salle Heures de début et de fin (rappeler que la ponctualité est impérative)
Thèmes abordés	Trois thèmes au maximum
Intervenants externes	Pour une réunion d'une heure et demie, se limiter à une intervention externe structurée, en lui affectant un temps et un nombre de transparents associés (compter trois minutes de parole par transparent en moyenne)
Prérequis	Actions à effectuer avant la réunion (par exemple, lecture approfondie du cahier des charges et identification des deux ou trois points majeurs à préciser)

COMPTE RENDU DE LA RÉUNION DU ....

1. CONTEXTE

Participants :

Objectifs :

Résultats attendus :

Date de la dernière réunion :

État des lieux :

2. PRINCIPAUX POINTS ABORDÉS

3. PLAN D'ACTION

N°

Quoi :

Qui :

Quand :

Observations :

Loi des réunions

Ne dites rien avant que la réunion soit presque finie, on vous prendra pour un sage.

PRATIQUE N° 10

Prendre du recul

Vous savez maintenant profiter au mieux du temps passé en réunion. Toutes les pratiques énoncées dans cet ouvrage conduisent à mieux gérer ses priorités, et donc à dégager du temps. Pour travailler plus ? Peut-être, mais jusqu'à quelle limite ? Apprenons plutôt à travailler mieux…

Histoire vécue

Céline est responsable développement chez un constructeur informatique et dirige une trentaine de personnes. Elle est en charge de la sélection des nouveaux projets : son équipe a pour mission d'évaluer les nouvelles possibilités et de fournir des recommandations sur les développements à conduire en priorité. Autant dire que, dans cet environnement turbulent, le travail n'est pas de tout repos.

« Tel est notre pain quotidien », se dit Céline qui, à sa longue « journée d'homme » ajoute sa « journée de femme » (les enfants, la maison, le mari…). Bien sûr, elle est aidée, mais cela ne l'empêche pas de devoir manager l'ensemble et de réaliser sa part du travail.

Céline est une *business woman* moderne. Depuis sa sortie d'école d'ingénieurs, elle a gravi les échelons en passant par diverses entreprises réputées pour leur recherche et… leur exigence managériale. « Il faut savoir ce que l'on veut, répète-t-elle toujours, le traintrain quotidien et le travail insipide, ce n'est pas pour moi ! »

Son mari prend soin d'elle, ses enfants grandissent bien, ses collaborateurs l'apprécient, sa hiérarchie la reconnaît et ses choix de projets se sont souvent révélés judicieux. Bref, elle est une responsable heureuse.

Pourtant depuis quelque temps, elle a du mal à se lever le matin et a l'impression de ne plus pouvoir avancer. Elle, qui se contrôle d'habitude si bien, s'irrite parfois pour un rien. Elle a beau se dire « Céline, reprends-toi ! », les projets lui semblent de plus en plus compliqués et ses interlocuteurs tatillons.

Un mal de dos l'incite à aller voir un médecin, qui lui prescrit des séances de kinésithérapie. Devant l'échec du traitement, elle se tourne vers un ostéopathe, puis vers un autre médecin et encore un autre... Un énième praticien consulté dépasse pour une fois le simple stade de l'observation clinique, la fait parler de sa vie professionnelle et conclut : « Vous avez mal au dos parce que vous en avez "plein le dos". Il est possible que vous souffriez du Kaloshi[1] ! »

Devant l'ébahissement de Céline, il sourit et reprend : « Cela s'appelle aussi le *burn out* ou l'épuisement : vous êtes à bout, physiquement et moralement. » Ce diagnostic choque Céline qui le nie : « Je ne pense pas que ce soit cela. Tout va bien. » Le médecin continue : « Peut-être en apparence, mais vous présentez les symptômes de l'épuisement. Cela explique sûrement aussi pourquoi mes confrères et leurs remèdes n'ont pu atténuer votre mal de dos. Je ne peux rien de plus pour vous. Faites-vous aider, voici l'adresse de quelqu'un qui vous fera réfléchir. » Céline prend machinalement la carte que lui tend le médecin et la range au fond de son sac en se disant : « Encore une visite pour rien ! »

Prise dans un embouteillage une semaine plus tard, elle ressort la carte. Sa journée a été désespérante, elle s'est battue contre vents et marées pour faire avancer des projets qui lui tiennent à cœur, mais dont personne ne semble se soucier. Au bord des larmes, elle se décide à appeler la personne conseillée.

Quelques jours après, elle se retrouve assise confortablement dans un vaste canapé. Une femme la regarde en souriant et l'écoute. Petit à petit, Céline se détend et se confie. Elle explique qu'après avoir travaillé des années durant, pleine d'enthousiasme en croyant à ce qu'elle

1. « Mort de fatigue au travail » en japonais.

faisait, elle ressent depuis quelque temps une perte progressive d'idéal, d'énergie et de motivation. Elle qui faisait jusqu'alors très attention à sa façade de femme énergique, dynamique et de bonne humeur la sent se fendiller.

Elle supporte de moins en moins l'apathie de ses collègues, les petites guerres de sa direction, les choix politiques qui la mettent parfois dans des situations difficiles. Sur certains projets auxquels elle est attachée, elle se sent comme Don Quichotte attaquant les moulins à vent...

Son rôle principal est d'identifier les pistes dans lesquelles l'entreprise doit investir. Pourtant, de réorganisation en réorganisation, elle consacre la plus grande partie de son temps à intégrer de nouveaux collaborateurs et à en redéployer d'autres. Elle écrit rapport sur rapport à des responsables de haut niveau qui changent sans arrêt et qui comprennent peu les enjeux. Le temps qu'ils saisissent l'importance de ce qui leur est proposé, ils quittent déjà leur poste. Parallèlement, Céline doit porter à bout de bras ses projets et son équipe, démotivée par ces *stop and go* permanents.

Progressivement, elle prend conscience des stades par lesquels elle est passée :

- Au début de sa carrière, elle avait de grands idéaux, des espoirs et faisait preuve d'une énergie débordante. Elle s'investissait beaucoup dans son travail, peut-être même un peu trop. Comme son mari faisait de même et s'absentait souvent pour de longs déplacements, elle était très disponible.
- Puis, avec la naissance de ses enfants, Céline s'était sentie tiraillée entre son métier et son rôle de mère. Elle s'était retrouvée face à des choix compliqués qui ne dépendaient pas seulement de moyens financiers.
- Aujourd'hui, l'évolution de son entreprise lui donne un sentiment de frustration, mais elle a conscience qu'elle ne trouvera pas nécessairement mieux ailleurs... Elle a aussi compris qu'il est difficile de changer ses collègues. Certains ne souhaitent pas la réussite de la société, mais la leur, et travaillent à leur rythme.

Petit à petit, Céline réalise qu'elle entre dans une phase d'apathie : elle commence à s'ennuyer, à effectuer son travail de manière automatique. Comment éviter la dépression, stade suprême du *burn out* [1] ?

---

1. Épuisement professionnel.

Céline se sent pleinement responsable de son équipe : sa démotivation la met mal à l'aise vis-à-vis de ses collaborateurs, ce qui aggrave encore son état. Elle décide alors de séparer plus nettement sa vie professionnelle de sa vie personnelle. Elle qui avait des scrupules à quitter son bureau de bonne heure (vers 20 h 30) et qui emmenait des dossiers à relire « tranquillement » le week-end, commence à partir à 19 h 30. Désormais, elle n'emporte plus de travail le vendredi soir et fait même remplacer son ordinateur portable par un poste fixe, pour ne plus être tentée de l'emmener à son domicile.

À sa grande surprise, elle découvre qu'elle n'est pas plus débordée que d'habitude. Elle reçoit plus souvent qu'avant, passe plus de temps avec son mari et ses enfants. Elle se réserve même un sas de décompression dans la semaine en pratiquant l'aquagym le jeudi, avant de rentrer chez elle.

Ses collègues la trouvent plus détendue et plus à l'écoute. « J'ai décidé de LLTG ! leur dit-elle, avant de continuer devant leurs yeux interrogateurs, "Lever la tête du guidon" ! »

Son métier restant tout aussi important à ses yeux, Céline se dit qu'elle pourrait peut-être améliorer son travail et celui de ses collaborateurs : « Je suis déjà super-organisée. Que pourrais-je faire de mieux ? »

Les questions-clés

Le mal de dos a arrêté Céline dans sa marche vers le *burn out*. Grâce à lui, elle a pris conscience de son état et a commencé à réaliser des coupures plus franches entre sa vie professionnelle et sa vie privée. Pour poursuivre dans cette voie, elle peut commencer par analyser son propre rythme de travail.

- ? Comment tenir compte de son biorythme[1] au bureau ?
- ? Pourquoi ne pas se récompenser pour ses succès ?
- ? Enfin, comment séparer nettement sa vie professionnelle de sa vie privée ?

1. Biorythme : le rythme qui vous est personnel.

Tenir compte de ses rythmes d'activité

Savoir souffler ou prendre du recul, c'est d'abord suivre son propre rythme. Cette approche, connue sous le nom de *biorythme*, nous enseigne que nous ne sommes pas tous « programmés » de la même façon. Certains d'entre nous travaillent mieux le matin et d'autres le soir. Pourtant, la vie dans l'entreprise ne prend pas ce rythme en compte. Ou plutôt, nous ne tenons pas toujours compte de notre biorythme dans notre activité.

Tous en rythme

Nous vous suggérons d'identifier votre propre rythme sur deux à trois semaines. Notez les activités effectuées dans la journée avec les horaires, en précisant pour chacune si vous vous sentez efficace.

À partir de là, tout se complique. En effet, vous allez devoir concilier ce schéma de compétence idéale avec celui du plaisir. Imaginons que vous êtes du matin (tôt le matin, avec un rendement décroissant en seconde moitié de matinée) et que vous aimiez lire tous vos e-mails à la suite et prendre le café en arrivant avec vos collègues. Vous allez gâcher du temps de travail efficient que vous pourriez consacrer à des travaux de fond en consultant votre messagerie et en buvant un café à la place. Ces activités seraient pour vous mieux placées en seconde moitié de matinée, quand votre rendement baisse. Pourquoi ne pas suggérer à vos collègues une pause-café à 10 h 30 et traiter ensuite vos e-mails, qui ne demandent en général pas trop de concentration ? Peut-être cette nouvelle organisation leur serait-elle aussi profitable...

Il est indispensable de prendre conscience que vous travaillerez de manière plus efficace si vous réservez vos plages d'activité optimale aux tâches les plus difficiles, les plus importantes ou demandant une réflexion créative.

Accepterez-vous de changer vos habitudes, même si elles concernent des activités qui vous plaisent particulièrement ? Si vous vous sentez prêt, vous y gagnerez un meilleur rendement (les travaux de fond seront réalisés plus rapidement) et vous vous sentirez moins fatigué (les travaux difficiles sont effectués au meilleur moment). Peut-être y perdrez-vous en revanche votre nonchalance (vous ne choisissez plus vos activités selon votre humeur), ainsi que de bonnes excuses pour reporter des tâches ardues, compte tenu de votre fatigue.

Variez les plaisirs

Voici quelques règles pour commencer :

- après avoir identifié vos périodes d'efficacité et de relâchement, réorganisez votre planning quotidien ;
- organisez l'alternance dans vos activités (travail personnel, rendez-vous externes, réunions internes) ;
- prévoyez quelque « temps forts » au bon moment durant la semaine pour travailler sur des sujets demandant du temps et une forte concentration ;
- faites part de votre biorythme aux membres de votre équipe projet (attention aux arbitrages !).

Prenez garde à la lassitude qui vous guette si vous enchaînez des tâches similaires toute la journée, tel un marathonien (« Je traite le dossier X, puis le dossier Y, puis le dossier Z… »). Cette organisation est source de stress. De plus, l'efficacité décroissante est garantie. Employez plutôt le temps disponible entre chaque dossier à passer des appels téléphoniques, à donner des informations à vos collègues, soit à des activités variées qui « cassent » le rythme et vous ressourcent.

Vous pouvez par ailleurs changer de moyens de transport ou d'itinéraire pour éviter les effets de la lassitude, ou encore limiter les e-mails en vous déplaçant dans les bureaux pour rencontrer les clients internes… Bref, organisez la variété, multipliez les contacts et bougez !

Des récompenses bien méritées

Si votre entourage professionnel est plutôt chiche en reconnaissance et en remerciements, remédiez-y !

Dans la culture managériale à la française, il est normal de bien faire. Votre hiérarchie ne vous parle donc de votre travail que lorsqu'il y a un problème. Néanmoins, la situation évolue : les augmentations salariales se faisant plus parcimonieuses et le travail plus intense, les managers commencent à apprendre la motivation par la reconnaissance.

Ce changement est valable pour vous comme pour votre encadrement. Les théories de la motivation nous enseignent qu'une fois le niveau de sécurité atteint (pouvoir vivre à son niveau, avoir un toit, un travail), nos attentes portent sur l'appartenance à un groupe et sur la reconnaissance par ce groupe de nos apports[1].

Une entreprise de recrutement[2] a conduit en 2003 une étude internationale sur ce qui fidélise les collaborateurs d'une entreprise. Les premières places du classement sont, de la première à la cinquième :

1. la possibilité de carrière et d'apprentissage ;
2. un travail intéressant ;
3. un travail qui a du sens ;
4. des gens « biens » autour de soi ;
5. l'appartenance à une équipe.

Il y a de quoi être surpris, les aspects financiers n'apparaissent pas ! Les cinq places suivantes sont, dans l'ordre :

6. un bon manager ;
7. la reconnaissance pour le travail réalisé ;
8. du plaisir dans le travail ;
9. l'autonomie dans le travail ;
10. la flexibilité des horaires.

Vous n'êtes pas convaincu ? Certes, l'international n'est pas la France… Voici donc les résultats d'une étude similaire conduite dans notre pays par un organisme indépendant auprès de ses équipes parisiennes et provinciales (les résultats sont similaires dans les deux cas) :

- « Les collaborateurs (tous niveaux) sont particulièrement sensibles au travail en équipe au sein de leur département d'appartenance et aux relations entretenues avec l'encadrement direct. Ils attachent beaucoup d'importance à leur travail et à la qualité de la relation de l'entreprise avec ses clients.

1. *Cf.* la pyramide de Maslow.
2. Career Services International.

- Dans cette entreprise, les points faibles résident, pour les collaborateurs, dans les ressources et le support mis en œuvre au quotidien. Si le travail en équipe dans sa propre équipe ou son propre département est bon…, l'effet “silo[1]” amène des frustrations quant aux relations entre départements et organisations. Enfin, l'appréciation des performances individuelles et la reconnaissance de cette performance sont à revoir. »

Relation, reconnaissance… voilà les mots clés ! Vous pouvez contribuer à créer un environnement stimulant de différentes manières :

- encouragez-vous intérieurement, faites-vous plaisir, offrez-vous de petits cadeaux ;
- demandez les stimulations dont vous avez besoin : « Quand vous êtes contents de mon travail, dites-le moi ! » ;
- accueillez les compliments qui vous sont faits pour ce qu'ils sont (authentiques, gratuits, gratifiants) ;
- félicitez votre équipe en fêtant un succès, un objectif atteint, la résolution d'une difficulté, le lancement d'un projet…

Équilibrer ses vies

Ce n'est pas un hasard si les coaches sportifs sont à la mode. Même les entreprises font aujourd'hui appel à de grands entraîneurs ou s'en inspirent pour motiver leurs équipes. Une étude[2] menée auprès de champions sportifs a révélé qu'ils partageaient quatre caractéristiques :

- ils accomplissent ce qu'ils font en fonction d'objectifs « internes » : votre motivation doit venir de vous, et non de « carottes » que l'on vous tend ;

1. L'effet « silo » est dû au travail en mode vertical dans une entreprise. Par exemple, si vous travaillez aux finances dans une entreprise, vous savez peu de choses sur les autres départements qui vous entourent (production, marketing, etc.), d'où des incompréhensions dans les besoins et les attentes de part et d'autre.
2. Garfield et Benett, 1984.

- ils résolvent les problèmes au lieu de rechercher les responsabilités : concentrez-vous sur les actions et accomplissez-les ;
- ils se préparent mentalement aux événements à venir : visualisez le futur proche et imaginez-vous en train de réussir ;
- ils prennent leurs risques en confiance : il n'existe pas de situations sûres à cent pour cent, même l'immobilisme engendre des risques. Aussi, admettez-les et assumez-les !

Réussir, c'est accepter de prendre du recul, se concentrer mentalement en amont et surtout savoir récupérer. Travailler pour travailler ne suffit plus, vous êtes responsable de vous-même. La meilleure chose que vous puissiez apporter à votre équipe projet en particulier, et à votre activité en général, est votre capacité à ne pas confondre l'objectif et l'activisme.

Pour cela, réservez-vous des moments de détente chaque jour, ménagez-vous des espaces de création, profitez des week-ends pour vous relaxer, paresser, vous occuper de vous (soins physiques, sport, tenue...), modifiez vos habitudes alimentaires pour une vie plus saine, etc.

Vous avez conscience que les changements sont permanents et que le stress ne diminuera probablement pas (les 35 heures et les RTT n'ont fait que l'accroître), alors prenez soin de vous, de votre physique ainsi que de votre mental, ce sont les meilleurs garants de votre équilibre !

Les leçons de l'expérience

Sachez prendre du recul pour mieux vous concentrer sur votre objectif. Pour cela, commencez par bien vous connaître et surtout adaptez votre organisation quotidienne (ou hebdomadaire) à votre rythme. Offrez-vous, ainsi qu'à votre équipe, des facteurs de motivation sous forme de signes de reconnaissance, d'événements festifs, de célébration de succès... Enfin, séparez nettement votre vie privée de votre vie professionnelle, vous n'en serez que plus efficace.

Trois écueils à éviter

« Vous n'êtes pas à ma place ! »
C'est vrai, chacun d'entre nous est d'abord responsable de lui-même.

« Je commencerai après les vacances (ou le mois prochain ou après Noël)… »
Peut-être sera-t-il trop tard ! Vous pouvez commencer simplement et lentement, puis augmenter progressivement vos efforts.

« Mon responsable n'a pas le même rythme que moi. »
Négociez un compromis ou anticipez en préparant vos entretiens lors de vos heures de tonus. Le fait d'en avoir conscience est déjà un grand pas.

Trois conseils à méditer

Notre biorythme évolue dans le temps et en fonction des saisons, des vacances, etc.
Réévaluez-le régulièrement.

Prenez en compte le biorythme des membres de votre équipe.
Ils seront plus efficaces si vous respectez leur rythme.

Dites « bravo » ou « merci » en fonction des besoins de chacun.
Pour certains d'entre nous, un simple « merci » suffit. Pour d'autres, il faut « en rajouter ». Rappelez-vous : la première demande de votre équipe est une ambiance de travail agréable.

Conseils pour se détendre au bureau

Vous pouvez apprendre à vous relaxer dans le cadre de votre travail.

Si vous pouvez quitter votre place

- Sortez ou ouvrez la fenêtre.
- Faites quelques flexions en respirant lentement.

Si vous êtes à votre bureau

- Installez-vous confortablement.
- Posez vos mains à plat, les mains ouvertes, les paumes vers le haut.
- Décroisez les jambes.
- Desserrez les dents.
- Commencez par vous étirer en levant les bras au-dessus de la tête (comme le matin en vous levant), puis relâchez la position lentement.
- Faites des petites respirations par le nez en faisant circuler l'air jusqu'à votre ventre (ne gonflez pas les poumons, privilégiez la respiration par le ventre).
- Inspirez profondément et gardez l'air quelques instants (cinq à dix secondes). Expirez et restez les poumons vides aussi longtemps qu'à l'inspiration.
- Répétez les deux précédentes étapes.
- Baillez et laissez-vous aller à répéter l'exercice depuis le début.
- Terminez en vous massant les yeux : fermez les yeux et couvrez-les avec les paumes, respirez lentement, effectuez ensuite avec les doigts un massage circulaire autour des yeux, et concluez par une série de clignements.

Vous vous sentez mieux ?

Loi de l'ecclésiaste ou loi de l'alternance

Il y a un moment pour tout et un temps pour chaque chose sous le ciel.

En guise de synthèse

Il y a quelques milliers d'années, un philosophe grec du nom d'Aristote médita sur une question simple d'apparence : qu'est-ce qu'une *bonne* vie ? Comment pouvons-nous dire si nous avons passé notre temps de bonne manière ?

Retenons trois points des enseignements d'Aristote :

- Nous sommes faits pour une vie sociale, que ce soit dans notre vie privée ou dans notre vie professionnelle. Il n'est pas question de vivre isolé : nous ne nous réalisons qu'au contact des autres et en les aidant à se réaliser. Nous nous devons d'enseigner, d'écrire, d'apprendre…
- Notre rôle, au travail, est de créer les conditions dans lesquelles nos collaborateurs (Aristote parlait de « notre entourage ») pourront progresser. Même si les entreprises emploient aujourd'hui l'expression « organisation apprenante », nous constatons malheureusement que peu d'entre elles font des efforts pour aider leurs salariés à développer pleinement leur potentiel. Le rôle de tout manager est d'y contribuer dans son propre environnement.
- Le troisième enseignement, et peut-être le plus important, est qu'une « bonne » vie requiert de l'anticipation, de la détermination et la volonté de gérer ses priorités. Il est capital de ne pas se laisser aller au hasard.

Comment pouvons-nous croire que nous sommes capables d'animer une équipe projet, si nous ne savons pas nous manager nous-mêmes ?

Pour y parvenir :

- ayez une vue globale sur vos souhaits (voir plus loin) ;
- donnez-vous des axes de progrès ;

- définissez un plan d'action (voir ci-après) ;
- commencez par une action simple à mettre en œuvre et qui offre un retour rapide (n'entreprenez qu'une seule action à la fois !) ;
- appliquez la règle des 2-4 : deux semaines pour intégrer une nouvelle pratique, quatre semaines pour en faire une habitude ;
- au bout des quatre semaines, choisissez une nouvelle action et recommencez.

Bonne chance et bon courage !

Quels sont vos souhaits d'amélioration ?

Comment souhaitez-vous à terme répartir votre temps ? Reprenez le classement effectué à la fin de la première pratique et notez la répartition qui vous semble idéale…

Vos axes de progrès	Les actions possibles
Exemple : développer les compétences de mes collaborateurs	*Exemple : formation, travail en binôme, tutorat…*

Votre répartition idéale du temps

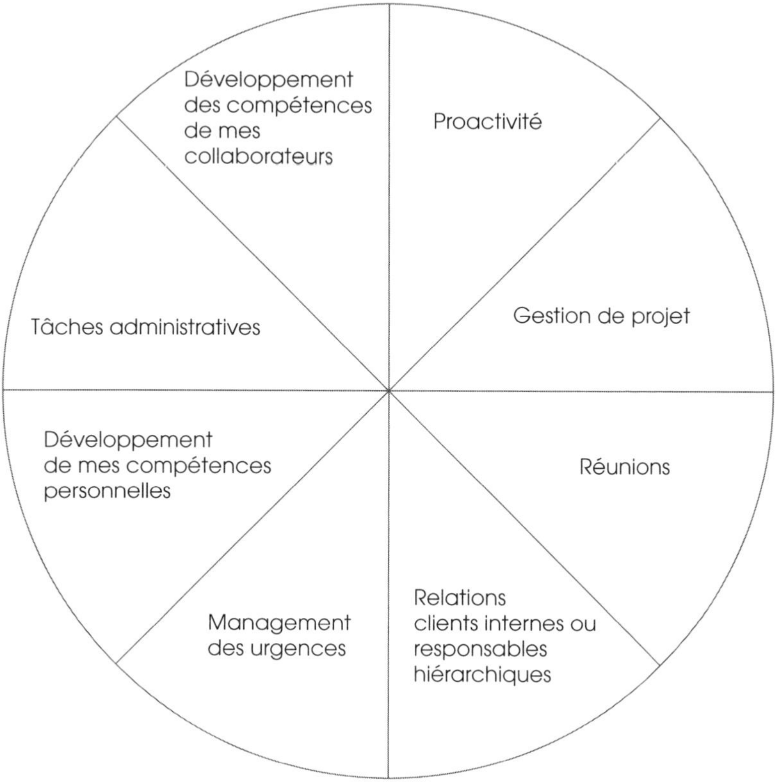

Votre plan de progrès

Thème		
Objectifs	**Critères de mesures**	**Moyens associés**
Bénéfices		**Risques si objectifs non atteints**
Action	**Date**	**Comment réaliser ces actions ?**

Bibliographie

ALBERT É., *Le manager durable*, Éditions d'Organisation, 2004.

BERNE É., DILÉ L., *Des jeux et des hommes*, Stock, 1996.

BONO E. (DE), *Les six chapeaux de la réflexion*, Eyrolles, 2005.

CAUVIN P., *La cohésion des équipes*, ESF, 2003.

CAYATTE R., *Bâtir une équipe performante et motivée*, Éditions d'Organisation, 2007.

CAYATTE R., RODACH G., *Les clés de l'employabilité*, Éditions Liaisons, 2006.

CAYATTE R., RODACH G., *Une vague à douze temps*, Éditions Liaisons, 2006.

CHALVIN D., *Développez votre intelligence relationnelle*, ESF, 2003.

COVEY S., *Priorité aux priorités*, First, 1995.

DELIVRE F., *Question de temps*, InterEditions, 2002.

DES MESNARDS P.-H., *Analyser les besoins des clients*, Éditions d'Organisation, 2007.

FERNANDEZ A., *Le chef de projet efficace*, Éditions d'Organisation, 2005.

GEORGES P. M., *Gagner en efficacité en équipe*, Éditions d'Organisation, 2004.

GLEESON K., SAVOYAT B., *Mieux s'organiser pour gagner du temps*, Maxima, 2005.

HONORÉ C., *Éloge de la lenteur*, Marabout, 2005.

JOULE R.-V., BEAUVOIS J.-L., *Petit traité de manipulation à l'usage des honnêtes gens*, Presses Universitaire de Grenoble, 2004.

KAPLAN R. S., NORTON D. P., *Le tableau de bord prospectif*, Éditions d'Organisation, 2003.

MARCHAT H., *Le kit du chef de projet*, Éditions d'Organisation, 2004.

PATTERSON K., GRENNY J., MCMILLAN R., SWITZLER A., COVERY S. R., *Crucial Conversations*, McGraw-Hill, 2002.

ROSNAY J. (DE), *Le macroscope*, Le Seuil, 1999.

STEWARD I., JOINES, V., *Manuel d'analyse transactionnelle*, Interéditions, 2005.

Dans le cadre de sa politique développement durable, Jouve initie en 2007
une démarche visant à la certification ISO 14001.
Cet ouvrage est imprimé sur papiers Amber Graphic des papeteries Arctic Paper pour l'intérieur
et Ensocoat des papeteries Stora Enso pour la couverture.
Ces papiers sont fabriqués sur des sites papetiers certifiés ISO 14001
et enregistrés EMAS à partir de fibres d'origine de forêts gérées de manière durable.

Composé par Nathalie Bernick
Achevé d'imprimer : Jouve - Paris

N° d'éditeur : 3434
N° d'imprimeur : 453076H
Dépôt légal : mars 2008
Imprimé en France